디지털 자산이 바꾸는
부동산의 미래

코인으로 사는 집

블록체인
스테이블코인
그리고
부동산 혁명

프롤로그

코인으로
내 집을 살 수 있을까?

불과 몇 년 전만 해도, 비트코인이나 이더리움 따위로 실물 자산을 산다는 건 괴이한 상상이나 해커들의 장난쯤으로 취급됐다. 그러나 지금, 우리는 전혀 다른 질문을 마주하고 있다.

"코인으로 집을 살 수 있을까?"가 아니다.
이제는
"왜 아직도 코인으로 집을 안 사고 있는가?
아니, 정확히는 왜 못 사고 있는가?"

2020년대를 넘어서며, 블록체인은 단순한 기술을 넘어선 '신뢰 인프라'로 굳건히 자리 잡았다. 스테이블코인은 글로벌 결제 시스템의 명백한 대안을 제시하고 있으며, 스마트 계약은 부동산 거래의 속도와 투명성을 획기적으로 개선하고 있다. 이미 미국, 아랍에미리트(UAE), 엘살바도르 같은 국가에서는 비트코인으로 주택이나 토지를 거래하는 사례가 엄연한 현실이 되었다. 그러나 기술보다 더 급진적인 변화는 바로 '집이라는 개념' 그 자체에서 발원한다.

미국의 친환경 건축 스타트업 지오십(Geoship)은 기존의 콘크리트와 철근이 아닌, 바이오세라믹과 지오데식 구조로 만든 돔 형태의 집을 선보이며 선언한다.

> 집은 더 이상 상품이 아닙니다.
> 집은 기본권이며,
> 공동체를 위한 플랫폼입니다.

지오십은 기후변화에 저항하고, 조립식으로 빠르게 설치 가능하며, 탄소중립적인 주택을 생산한다. 그리고 그 주택을 NFT화하거나, 탈중앙화 자율 조직(DAO)을 통해 공동으로 소유하거나, 심지어 스테이블코인으로 분할 구매하는 실험까지도 감행하고 있다.

이처럼 우리는 단순히 블록체인 기술을 부동산 거래에 '도입'하는 수준을 넘어, 부동산이라는 개념 자체가 탈중앙화되고, 공동체 중심으로 재정의되는 세계를 향해 돌진하고 있다.

『코인으로 사는 집』은 바로 그러한 변화의 최전선에 서서, 암호화폐, 스마트 계약, 스테이블코인, DAO 등의 기술이 우리가 사는 집, 그것을 소유하는 방식, 나아가 공동체를 형성하는 방식까지 어떻게 근본적으로 뒤바꾸고 있는지를 분석할 것이다.

이제 '디지털 자산으로 집을 산다'는 말은 선구자들만의 낭만적인 선언이 아니라, 다가오는 시대의 새로운 표준 계약서가 되어가고 있다.
이 책은 그 미래의 주택 청약서, 그 서문의 첫 페이지가 될 것이다.

목차

프롤로그   코인으로 내 집을 살 수 있을까?   *004*

추천사   *012*

PART ···

기술이 만든
새로운 부동산 시장

1장 왜 사람들은 코인으로 집을 사려 하는가?   *021*

2장 블록체인, 부동산의 신뢰를 재설계하다
  • '소유'의 개념을 바꾸는 기술   *038*
  • 토지 등기, 스마트 계약, 디지털 인증   *040*

3장 코인 결제 부동산, 현실이 되다
  • 실제 거래 사례: 두바이, 마이애미, 리스본   *048*
  • 코인 기반 매매 시의 실무 절차   *057*

PART

2

스테이블코인과 디지털 결제가 여는 문

4장 스테이블코인:
실물 자산과 디지털 금융의 다리
- USDC, USDT, DAI의 구조와 차이 *072*
- 결제 수단으로서의 안정성 *078*

5장 국가들은 왜 코인을 받아들이기 시작했는가?
- 미국의 규제 진화, 일본의 실험, 두바이의 개방 정책 *093*
- 스테이블코인 입법 현황과 제도권 진입 *107*

6장 CBDC와 부동산:
중앙은행 디지털화폐의 실무 가능성
- 디지털 달러·유로·위안, 부동산 시장에 미칠 영향 *112*
- 외환 규제, 자금 추적, 세금 자동화의 미래 *116*

PART

3

미래 부동산 실무, 어떻게 바뀌는가?

7장 거래 속도, 비용, 신뢰: 코인 부동산의 3대 장점
- 중개인 없이도 가능한 미래 *124*
- 실무자용 코인 계약 프로세스 예시 *126*

8장 NFT 부동산과 메타버스의 연결고리
- 디지털 소유권→실제 부동산의 디지털 트윈까지 *134*
- 미래의 임대계약과 가상 자산의 연결 *136*

9장 글로벌 부동산 투자, 장벽이 사라진다
- 국경 없는 투자시대: 디지털 자산의 힘 *142*
- 외화 송금, 자산 이전, 투자 관리 자동화의 흐름 *144*

PART 4 어떻게 준비할 것인가

10장 코인 부동산 시대의 투자자 실무 가이드
- 자산 보관, 세금 보고, 국가별 리스크 분석 — *158*
- 5년 안에 가능한 실질 시나리오 — *164*

11장 부동산 전문가가 준비해야 할 것들
- 중개인, 공인중개사, 변호사, 회계사 등 실무자의 미래 대응 — *170*
- 디지털 자산 이해력 + 법률 리터러시 강화 — *175*

12장 내가 코인으로 집을 사는 날
- 실현 가능한 시나리오: 스마트 계약으로 클로징까지 — *180*
- 미래 준비 체크리스트 — *184*

에필로그 부동산은 변하지 않는다. 그러나 거래 방식은 완전히 바뀔 것이다. — *188*

부록
- 주요 스테이블코인 비교 — *192*
- 코인 부동산 거래 절차 요약 (국가별) — *194*
- 미래 예측 키워드: Web3, CBDC, 토큰화, 디지털 자산 — *209*

추천사

새로운 자산 시대를 여는 하나의 나침반

암호화폐가 단순한 투자의 수단을 너머, 이제는 실물 자산의 세계에 문을 열고 있다. 『코인으로 사는 집』은 코인과 실물자산의 대표인 부동산과의 구체적이고도 현실화된 연결고리를 보여주며 부동산 거래의 새로운 지각 변동을 예고하고 있다.

고진석 대표의 깊은 통찰에 의한 코인과 부동산, 그리고 관련 제도에 대한 섬세한 연결 분석은 나에게 큰 충격과 함께 많은 깨달음을 주었다. 특히, 제도화의 흐름과 글로벌 트렌드를 심도 있게 짚어낸 대목은 디지털 자산과 부동산을 연결하고자 하는 이들에게 분명한 지향점과 방향성을 제시해 주고 있다.

이 책은 단순한 가이드북을 넘어, 새로운 자산 시대를 여는 하나의 나침반이 될 것이다. 디지털 자산과 부동산의 접점에 관심 있는 모든 분들께 이 책을 진심으로 추천한다.

김현석 STS 그룹 회장

블록체인이 일으킨 부동산 패러다임의 大변혁

추천인은 1997년, 인터넷 혁명이 막 시작되던 시절 프로그래머로 커리어를 시작하였고, 실리콘밸리에서 근무하며 기술 변화의 최전선을 체험했다. 당시 느꼈던 변화의 희열은 두 번 다시 경험하지 못할 줄 알았으나, 최근 블록체인과 AI 혁신은 그때의 인터넷 혁명을 오히려 작아 보이게 만든다.

실리콘밸리 근무 이후 추천인은 커리어를 전환하여, 하버드 대학교에서 부동산 및 도시계획 박사학위를 취득한 뒤, 글로벌 부동산 시장 분석 및 금융 관련 실무와 연구에 몰두해왔다. 그 이후 줄곧 품었던 고민은 IT와 부동산이라는 이질적인 두 세계를 어떻게 연결할 것인가였다. 그리고 그 해답이 블록체인에 있음을 깨닫는데 오랜 시간이 걸리지 않았다. 블록체인의 기술적 독창성과 높은 레버리지라는 특성은 부동산의 '소유'와 '거래' 방식은 근본적으로 바뀔 수밖에 없다. 그리고 그 혁신은 이미 우리의 실생활 곳곳에서 나타나고 있다.

『코인으로 사는 집』은 기술적 이상을 꿈꾸는 선언이 아니다. 이미 시작된 변화를 명확히 보여주는 실무 가이드북이자 전략서다.

스테이블코인과 스마트 계약, 블록체인 기반의 소유권 인증, 국경을 허무는 디지털 자산 거래 사례들… 이 모든 이야기를 저자는 시장 사례와 제도 분석, 실무 흐름과 정책 전망까지 명확하고도 이해하기 쉬운 언어로 풀어주고 있다.

부동산의 '디지털 전환'은 더 이상 추상적인 기술 논문이나 스타트업 피칭 자료에만 존재하지 않는다. 거래 현장, 정책 규제, 투자 전략의 현실 속에서 이미 구현되고 있다. 이 책은 그 구체적 풍경을 하나하나 정리해 보여주며, 앞으로 다가올 변화를 독자 스스로 설계할 수 있도록 이끈다.

이 책이 특별한 이유는 또 하나 있다. 바로 저자 고진석이라는 이름 때문이다. 추천인의 오랜 친우인 고진석 대표는 국내 최초 온라인 커뮤니티 플랫폼 '아이러브스쿨'의 공동 창업자이자

CTO였다. 그리고 지금은 국내를 넘어 글로벌 블록체인 산업 전반과 활발히 교류하고 프로젝트를 이끄는 국내 최고 블록체인 권위자다.

기술과 시장을 모두 아우르는 그의 시야는 이 책 곳곳에 생생하게 녹여 있다. 누구보다 먼저 기술을 만들고, 누구보다 깊이 시장과 제도를 고민해온 전문가의 통찰이기에, 이 책은 단순한 예측이 아닌, 실제 가능한 시나리오를 품고 있다.

블록체인 기반 부동산 산업의 혁신은 더 이상 미래가 아니다. 그것은 이미 시작되었고, 우리는 그 변화의 한가운데에 서 있다.

김경민 서울대학교 도시계획학과 교수
- 하버드 대학교 박사 (부동산/도시계획)
- AI와 머신러닝을 활용한 부동산시장 분석 연구
- 아시아 부동산연구 최고 권위자

디지털 경제의 미래에 관심 있는 모든 이의 필독서

『코인으로 사는 집』은 미래 금융과 부동산이 어떻게 융합될지 명확한 비전을 제시하는 혁신적인 저서다. 블록체인 기술이 단순한 암호화폐를 넘어 실물 자산, 특히 부동산 시장에 어떠한 변혁을 가져올지 심도 있게 다룬 점이 인상 깊다. 바이낸스는 전 세계적으로 디지털 자산 생태계를 구축하며 금융의 미래를 선도하고 있으며, 이 책에서 제시하는 부동산의 토큰화, 스마트 계약 기반의 거래 자동화, 그리고 CBDC의 역할론은 우리가 지향하는 미래와 정확히 일치한다.

특히, 이 책은 Web3가 가져올 탈중앙화된 소유권 개념, CBDC를 통한 효율적인 자금 흐름, 그리고 토큰화가 제공할 부동산 시장의 유동성 증대와 접근성 향상에 대한 깊은 이해를 보여준다. Reg A+와 Reg D 같은 규제 프레임워크에 대한 상세한 설명은, 디지털 자산이 단순한 투기를 넘어 규제 안에서 합법적인 금융상품으로 진화하는 과정을 잘 보여준다.

『코인으로 사는 집』은 부동산 시장의 이해 관계자뿐만 아니라, 디지털 경제의 미래에 관심 있는 모든 이에게 필독서가 될 것이다.

이 책은 우리가 상상하는 미래가 이미 시작되었음을 알리고, 그 변화 속에서 어떻게 새로운 가치를 창출할 수 있을지 명쾌한 해답을 제시한다. 바이낸스는 이러한 혁신적 비전이 현실이 되는 데 적극적으로 기여할 것이다.

스티브 영 김 (Steve Young Kim)
바이낸스(Binance) 이사

PART...
1

기술이 만든
새로운 부동산 시장

1장

왜 사람들은 코인으로 집을 사려 하는가?

"암호화폐로 집을 산다고? 그건 그냥 환상 아닌가?" 이런 반응, 이제 놀랍지도 않다. 허나 네가 이 책을 펼쳐 들었다면, 아마도 그 '환상'이 현실이 되어가고 있음을 이미 감지했을 것이다. 실제로 미국 플로리다에서 비트코인으로 부동산 거래가 이뤄지고, 두바이에서는 NFT로 아파트 소유권을 이전하며, 엘살바도르에서는 비트코인 전용 주거 커뮤니티까지 개발되고 있다.

도대체 왜 사람들은 굳이 암호화폐로 집을 사려 하는가?
그 이유를 분석한다.

신속성:
거래는 단 몇 분이면 끝난다

—

전통적인 부동산 거래는 길고 복잡한 여정을 요구한다. 매매 계약서, 에스크로, 공증, 등기, 송금, 세금 처리… 각 단계마다 중개인과 관료, 공공 시스템이 얽혀 몇 주에서 몇 달이 소요된다. 이는 비효율의 극치. 반면, 블록체인 기반 스마트 계약을 사용하면 거래는 실시간, 즉 수 분 내에 완료된다.

예를 들어, USDC(미국 달러에 연동된 스테이블코인)를 이용하면 송금 수수료는 거의 없고, 블록체인 상에 거래 이력과 소유권 이전 기록이 즉시 남는다. 번역하자면, 속도와 투명성이 금융의 새로운 기준이 되는 것이다. 기존 시스템의 시간 소모적 관행은 더 이상 용납되지 않는다.

글로벌 접근성: 전 세계 누구나, 중개 없이

기존 부동산 시스템은 국경에 갇혀 있다. 외국인이 현지 부동산을 구매하려면 수많은 제한과 관료주의, 현지 법률 장벽을 넘어야 한다. 이는 투자의 기회를 원천 봉쇄하는 행위다. 하지만 블록체인을 기반으로 한 부동산 플랫폼-예를 들어 Propy, Roofstock onChain, RealT 등-은 스마트 계약과 디지털 신원 인증을 통해 전 세계 누구나 손쉽게 부동산 거래에 참여하도록 한다.

이는 특히 정치·경제적 불안정성이 큰 지역 투자자나, 은행 인프라가 미흡한 지역 사람들에게 금융 평등을 위한 첫 기회를 제공한다. 국경 없는 자산 접근성은 더 이상 이상이 아닌 현실이다.

중개비용 절감:
'수수료 먹는 하마'를 넘어서

—

기존 거래 구조에서 수많은 중개업자와 공공기관은 시간과 비용을 희생하며 신뢰를 사고팔았다. 그들은 '수수료 먹는 하마'에 불과했다. 하지만 블록체인은 그 신뢰를 코드로 대체한다. 스마트 계약으로 계약 조건을 자동화하고, 디지털 자산으로 결제를 실행하며, 소유권은 NFT로 기록된다.

즉, 변호사, 공증인, 브로커, 에스크로 수수료가 사라지거나 급감하는 구조다. 이는 불필요한 비용을 제거하고 투자자에게 더 많은 가치를 환원하는 합리적인 방식이다.

10년 전과 달라진 투자자의 행동

—

과거 투자자들은 부동산을 '쥐고 있어야만 오르는 자산'으로 여겼다. 이는 시대착오적 발상이다. 하지만 오늘날 젊은 투자자들-특히 암호화폐 세대는 유동성, 투명성, 참여성을 중시한다. 이들은 DAO를 통해 공동 소유권을 갖거나, 부동산 NFT를 구매해 월세 수익을 스테이블코인으로 분배받는다.

이러한 경향은 단순한 트렌드가 아니다. 이는 부동산 소유 방식의 패러다임 전환을 의미한다. 더는 '살 수 없는' 자산이 아니라, '쪼개고, 빌려주고, 유동화하는' 디지털 자산으로 바뀌는 중이다. 투자는 수동적인 보유를 넘어선 능동적인 참여의 영역으로 확장되고 있다.

> **정리**
>
> 이제 부동산은 투자뿐 아니라 참여의 대상이다. 암호화폐로 집을 사는 일은, 더 이상 뉴스 헤드라인 속 사건이 아니다. 그것은 새로운 참여 방식, 더 많은 사람을 위한 시장, 그리고 낡은 신뢰 구조를 대체하는 코드의 언어다. 이제 물어야 할 질문은 분명해졌다.
>
> " **왜** 아직도
> 암호화폐로 집을 안 사고 있는가? "

 참고

PROPY

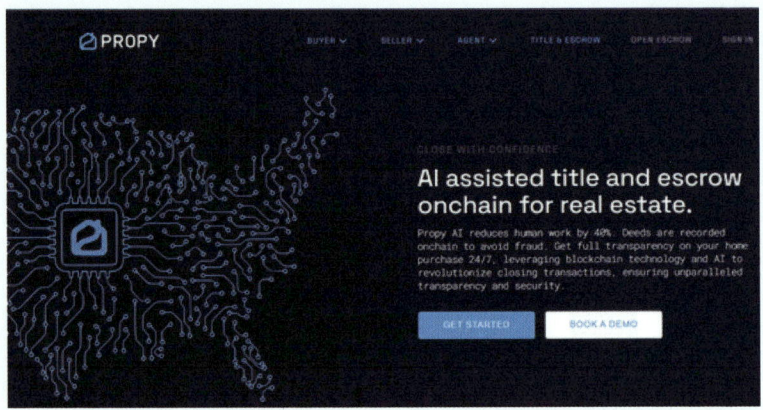

주요사업

프로피(Propy)는 블록체인 기반의 부동산 거래 플랫폼을 제공하는 회사다. 부동산 매매 과정을 블록체인 기술을 통해 온라인으로 간소화하고 자동화하는 것을 목표로 한다. 특히 국제 부동산 거래의 복잡성을 줄이는 데 중점을 둔다.

특징

▼ NFT 기반 부동산

부동산 소유권을 NFT(대체 불가능 토큰) 형태로 발행하여, NFT를 구매함으로써 실제 부동산의 소유권을 획득할 수 있도록 한다. 이는 소유권 이전을 블록체인 상에서 빠르고 투명하게 처리한다.

▶ **스마트 계약 활용**

매매 계약, 대금 결제, 소유권 이전 등 복잡한 부동산 거래 절차를 스마트 계약으로 자동화하여, 중개인, 에스크로, 은행 등 중간자의 개입을 최소화하고 비용과 시간을 절감한다.

▶ **암호화폐 결제 지원**

비트코인, 이더리움, 스테이블코인 등 다양한 암호화폐로 부동산 대금을 결제할 수 있도록 지원한다.

▶ **글로벌 지향**

처음부터 국제 부동산 거래를 염두에 두고 설계되어, 전 세계 투자자들이 쉽게 해외 부동산에 투자할 수 있도록 돕는다.

성과

실제로 미국 하와이 등지에서 NFT를 통한 부동산 거래를 성공적으로 성사시킨 사례를 가지고 있으며, 100억 달러 이상의 토큰화된 부동산 거래를 촉진했다고 주장한다.

Roofstock onChain

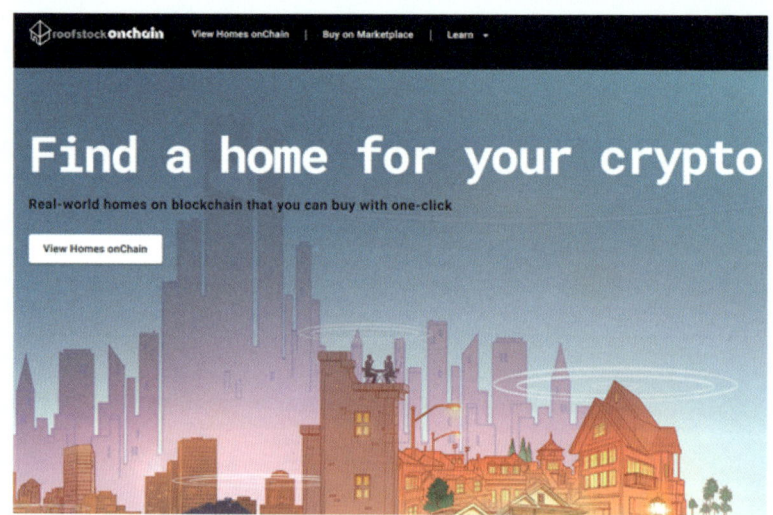

주요사업

    루프스톡 온체인(Roofstock onChain)은 단독 주택 임대 부동산에 특화된 NFT 기반 부동산 마켓플레이스다. 기존 부동산 투자 플랫폼인 Roofstock의 블록체인 기반 자회사다.

특징

▶ 단독 주택 임대 시장 집중

주로 미국 내 단독 주택 임대 부동산을 토큰화하여 투자자들이 해당 부동산의 소유권을 NFT 형태로 구매하고, 임대 수익을 분배받을 수 있도록 한다.

▶ **LLC (유한책임회사) 구조 활용**

NFT는 직접적인 부동산 소유권이 아닌, 해당 부동산을 소유하고 있는 단일 목적 유한책임회사(Single-Member LLC)의 지분을 나타낸다. 이 LLC의 지분 소유권이 NFT로 토큰화되어 블록체인 상에서 거래된다. 이를 통해 법적 복잡성을 줄이고 효율적인 소유권 이전을 가능하게 한다.

▶ **USD 코인(USDC) 결제**

주로 USDC와 같은 스테이블코인을 사용하여 부동산 NFT를 구매하고 판매할 수 있다.

▶ **거래 수수료 절감**

블록체인 기술을 활용하여 전통적인 부동산 중개 수수료보다 낮은 수수료(약 2.5%의 중개 수수료와 0.5%의 마켓플레이스 수수료)를 지불하고 거래할 수 있도록 한다.

성과

여러 건의 단독 주택을 NFT 형태로 성공적으로 판매하며, 블록체인을 통한 부동산 투자의 새로운 모델을 제시하고 있다.

RealT

주요사업

리얼티(RealT)는 미국 주거용 부동산의 부분 소유권(Fractional Ownership)을 토큰화하여 글로벌 투자자들에게 제공하는 플랫폼이다. 소액으로도 미국 부동산에 투자하고 임대 수익을 얻을 수 있도록 돕는다.

특징

▶ 부분 소유권 토큰화

하나의 부동산을 여러 개의 RealToken(증권형 토큰)으로 분할하여 발행한다. 투자자는 원하는 수량만큼 토큰을 구매하여 해당 부동산의 지분을 소유하게 된다.

▼ 주거용 부동산 전문

주로 디트로이트 등 미국 내 주거용 단독 주택이나 소규모 다세대 주택을 토큰화하여 투자자들에게 제공한다.

▼ 법적 준수

RealT는 델라웨어 주 법률에 따라 설립된 유한책임회사(LLC)를 통해 각 부동산을 소유하고 관리하며, 발행하는 토큰이 법적으로 증권의 성격을 가지므로 관련 규정을 준수한다.

▼ 글로벌 투자 가능

기존 부동산 시장의 높은 진입 장벽과 복잡한 절차 없이, 전 세계 어디서든 소액으로 미국 부동산에 투자하고 수익을 얻을 수 있는 기회를 제공한다.

성과

많은 수의 미국 주거용 부동산을 성공적으로 토큰화하여 전 세계 투자자들에게 판매했으며, 꾸준히 임대 수익을 분배하고 있다.

Lofty

주요사업

로프티(Lofty)는 미국 임대 부동산의 부분 소유권을 토큰화하여 투자자들에게 제공하는 온라인 마켓플레이스다. 이들은 블록체인 기술을 활용하여 부동산 투자를 더욱 접근성 있고 투명하며 효율적으로 만들고자 한다.

특징

▼ **알고랜드(Algorand) 블록체인 기반**

Lofty는 빠르고 저렴한 거래 수수료를 제공하는 알고랜드 블록체인 위에서 토큰을 발행하고 거래를 처리한다.

▼ **부분 소유권**

각 부동산을 여러 개의 디지털 토큰으로 분할하여, 투자자들이 단 50달러부터 소액으로 임대 부동산에 투자할 수 있도록 한다. 이를 통해 부동산 투자에 대한 진입 장벽을 대폭 낮춘다.

▼ **일일 임대료 지급**

토큰 소유자들은 자신들의 지분에 따라 해당 부동산에서 발생하는 임대 수익을 매일 USDC(스테이블코인)로 지급받는다. 이는 투자자들에게 꾸준하고 예측 가능한 현금 흐름을 제공한다.

▼ **투명성 및 보안**

모든 투자 및 소유권 이전은 블록체인에 기록되어 위변조 불가능한 투명한 이력을 제공한다.

▼ **투자 다양성**

투자자들은 여러 부동산에 분산 투자하여 포트폴리오를 다각화하고 위험을 분산할 수 있다.

▼ **DAO LLC 구조**

각 부동산은 단일 목적 유한책임회사(DAO LLC)에 의해 소유되며, NFT는 이 LLC의 지분을 나타낸다.

▼ **매매 용이성**

Lofty 마켓플레이스에서 보유한 토큰을 다른 투자자에게 쉽게 판매할 수 있다.

목표

Lofty는 실물 부동산 시장의 비유동성 문제를 해결하고, 전 세계의 소액 투자자들에게 미국 임대 부동산 투자 기회를 제공하여 금융 자유를 실현하는 것을 목표로 한다.

Meridio

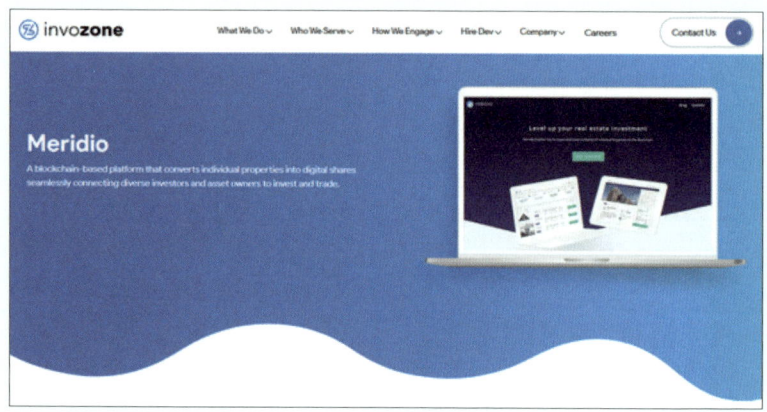

주요사업

메리디오(Meridio)는 뉴욕 부동산을 포함한 상업용 부동산의 부분 소유권(Fractional Ownership)을 블록체인 기반으로 토큰화하여 투자자와 자산 소유자를 연결하는 플랫폼이다.

특징

▼ 이더리움(Ethereum) 블록체인 기반

Meridio는 이더리움 블록체인을 활용하여 디지털 지분을 생성하고 거래한다.

▼ 주로 상업용 부동산

뉴욕의 상업용 부동산에 중점을 두어, 해당 부동산의 지분을 디지털 토큰 형태로 발행한다. 이를 통해 부동산 소유주들은 자본을 조달하고, 투자자들은 고가의 상업용 부동산에 소액으로 투자할 수 있게 된다.

▼ 중개자 축소

블록체인 기반의 직접적인 투자와 거래를 통해 은행, 브로커, 공증인 등 전통적인 중개자의 역할을 줄여 거래 비용과 시간을 절감하는 것을 목표로 한다.

▼ 임대 수익 및 시세 차익

토큰 소유자들은 지분에 따라 임대 수익을 분배받고, 토큰 거래를 통해 시세 차익을 얻을 수 있다.

▼ 투명성 강화

모든 거래는 블록체인에 기록되어 투명하게 공개된다.

▼ 법적 준수

플랫폼은 관련 증권법 및 규정을 준수하면서 토큰을 발행하고 유통한다.

목표

Meridio는 부동산 투자를 민주화하고, 더 많은 투자자들이 부동산 시장에 접근할 수 있도록 돕는 동시에, 부동산 소유주들에게는 유동성을 제공하는 혁신적인 솔루션을 제공하고자 한다.

2장

블록체인, 부동산의 신뢰를 재설계하다

- '소유'의 개념을 바꾸는 기술
- 토지 등기, 스마트 계약, 디지털 인증

부동산 거래에서 신뢰는 가장 중요한 요소다. 수억 원에서 수십억 원에 달하는 자산이 오가는 만큼, 매수자와 매도자는 물론 중개인, 법무사, 은행, 정부 기관 등 수많은 이해관계자들이 복잡하게 얽혀 신뢰를 구축한다. 이 과정에서 발생하는 시간, 비용, 그리고 잠재적 분쟁의 위험은 부동산 시장의 고질적인 문제다. 하지만 블록체인 기술은 이 신뢰의 개념 자체를 재설계하며, 부동산 시장의 패러다임을 근본적으로 바꾸고 있다.

'소유'의 개념을 바꾸는 기술

기존의 '소유'는 물리적인 문서나 중앙화된 기관의 기록에 의존했다. 내가 집을 소유하고 있다는 것은 등기부 등본에 내 이름이 기재되어 있고, 은행이 내 대출 기록을 관리하며, 정부가 이를 최종적으로 인증한다는 의미였다. 이는 곧 중앙화된 기관의 통제와 오류 가능성에 취약하다는 뜻이다. 하지만 블록체인은 이 소유의 개념을 디지털 자산으로 확장한다. 부동산을 토큰화하여 블록체인 상에 기록하고, 이 토큰을 소유하는 것이 곧 부동산을 소유하는 방식이 되는 것이다. 이는 물리적인 문서의 위변조 위험을 없애고, 소유권 이전을 훨씬 투명하고 효율적으로 만든다.

> **예시**
>
> 만약 당신이 서울 강남의 아파트 한 채를 소유하고 있다고 가정해 보자. 현재는 이 아파트의 소유권이 등기부 등본이라는 공적인 문서에 기록되어 있으며, 이 문서는 관할 등기소에서 관리된다. 당신이 이 아파트를 팔게 되면, 등기소에서 등기부 등본의 소유자 명의를 당신에게서 매수자로 변경하는 과정을 거치게 된다.

하지만 블록체인 세상에서는 이야기가 달라진다. 너의 강남 아파트는 블록체인 상에 '부동산 토큰'이라는 형태로 존재하게 된다. 이 토큰은 아파트의 고유한 정보(주소, 면적, 소유자 정보 등)를 담고 있으며, 블록체인에 영구적으로 기록된다. 네가 이 아파트를 팔고 싶다면, 단순히 이 부동산 토큰을 매수인에게 전송하기만 하면 된다.

토큰이 전송되는 순간, 블록체인 상의 기록이 업데이트되고, 아파트의 소유권은 즉시 매수인에게 넘어간다. 등기소에 가서 서류를 제출하고 기다릴 필요 없이, 마치 비트코인을 보내듯이 빠르고 투명하게 소유권이 이전되는 것이다.

토지 등기, 스마트 계약, 디지털 인증

블록체인이 부동산의 신뢰를 재설계하는 핵심적인 기술적 요소는 다음과 같다.

토지 등기 (Digital Land Registry)

현재 종이 문서나 중앙 서버에 기록되는 토지 등기 시스템은 해킹이나 위변조의 위험이 있고, 정보가 분산되어 있어 접근성이 떨어진다. 이는 구시대적 발상이다. 블록체인 기반의 디지털 토지 등기 시스템은 모든 소유권 정보를 분산원장기술(DLT)에 기록하여, 한 번 기록된 정보는 변경하거나 삭제할 수 없게 만든다. 이는 등기 정보의 투명성과 불변성을 극대화하여, 소유권 분쟁의 여지를 현저히 줄이고 신뢰도를 높인다.

> **예시**
>
> 2018년, 조지아 정부는 블록체인 기술을 활용하여 국가 토지 등록 시스템을 구축하기 시작했다. 이 시스템은 비트퓨리(BitFury) 그룹과 협력하여 이더리움 기반의 블록체인에 토지 소유권 기록을 저장한다.

기존에는 등기 기록 위조나 데이터 손실의 위험이 있었지만, 블록체인 도입 후에는 모든 소유권 이전 기록이 불변의 형태로 저장되어 조작이 불가능해졌다.[1]

덕분에 토지 등기 절차는 더욱 투명하고 신속해졌으며, 잠재적인 사기나 분쟁의 가능성이 크게 줄어들어 국가적 신뢰도가 향상되었다.

스마트 계약 (Smart Contracts)

부동산 거래의 핵심은 '계약'이다. 매매, 임대차, 담보 설정 등 모든 부동산 행위는 계약으로 시작하여 계약으로 끝난다. 스마트 계약은 이러한 계약 조건을 미리 블록체인에 코드로 프로그래밍하고, 조건이 충족되면 자동으로 계약을 이행하게 만드는 기술이다. 이는 중개인의 개입을 최소화하고, 수많은 서류 작업과 공증 과정을 생략하여 거래의 속도를 비약적으로 높이며 비용을 절감한다. 동시에 계약 불이행의 위험을 줄여 신뢰를 강화하는 핵심적인 역할을 한다.

---

1) https://www.cio.com/article/3531064/블록체인과-공공서비스가-만난다-외국-정부-사례.html

예시

2017년, 미국의 블록체인 부동산 플랫폼 프로피(Propy)는 우크라이나의 아파트를 비트코인으로 구매하는 실제 거래를 성공적으로 완료했다.[2] 이 거래는 스마트 계약을 활용하여 진행되었는데, 매수인이 비트코인을 송금하면 스마트 계약이 자동으로 실행되어 아파트 소유권 토큰을 매수인에게 이전하고, 동시에 이 거래 기록이 블록체인에 영구적으로 기록되었다. 중개인이 모든 서류를 준비하고 공증인이 입회하여 대금을 확인하는 대신, 코드화된 계약이 모든 과정을 투명하고 자동적으로 처리하여 불필요한 절차와 비용을 대폭 줄였다.

디지털 인증 (Digital Identity and Verification)

블록체인 기반 부동산 거래에서는 거래 당사자의 신원을 디지털로 인증하는 것이 필수적이다. 기존에는 주민등록증, 인감, 서명 등 물리적인 수단과 대면 확인을 통해 신원을 검증했지만, 디지털 인증은 생체 정보, 암호화된 개인 키, 분산 신원(DID) 기술 등을 활용하여 비대면으로도 강력한 신원 확인을 가능하게 한다. 이는 KYC(고객 알기), AML(자금세탁 방지) 규제를 효과적으로 준수하면서

---

[2] https://fastercapital.com/ko/content/부동산-스마트-계약--부동산-거래-혁명--스마트-계약의-부상.html

도, 거래의 편의성과 속도를 해치지 않고 신뢰를 보장하는 중요한 요소다.

> **예시**
>
> 만약 당신이 해외에 거주하면서 한국의 부동산을 블록체인 기반으로 구매하고 싶다면, 현재는 복잡한 신원 확인 절차와 서류 준비가 필요하다. 하지만 분산 신원(DID) 기술이 적용된 블록체인 시스템에서는 너의 생체 정보(지문, 얼굴 인식 등)와 암호화된 개인 키를 통해 단 한 번의 인증으로 너의 신원을 안전하게 확인할 수 있다. 이 정보는 블록체인에 암호화되어 저장되므로 위조가 불가능하며, 필요한 경우에만 최소한의 정보가 공개되어 프라이버시도 보호된다. 이를 통해 매도인과 매수인은 서로의 신뢰를 별도의 중개 기관 없이도 확보할 수 있게 된다.

이처럼 블록체인은 토지 등기의 투명성, 스마트 계약의 자동화된 신뢰, 그리고 디지털 인증의 효율적인 신원 확인을 통해 부동산 시장의 신뢰 구조를 완전히 재설계하고 있다. 이는 단순히 기술적인 진보를 넘어, 부동산을 둘러싼 오랜 관습과 제도를 혁신하는 거대한 변화의 시작점이다.

 **참고**

분산 신원(DID: Decentralized Identifier) 기술은 블록체인 또는 유사한 분산원장기술(DLT)을 기반으로, 개인이 자신의 신원 정보를 직접 통제하고 관리할 수 있도록 하는 자기 주권 신원(Self-Sovereign Identity: SSI) 인증 방식이다. 간단히 말해, DID는 다음과 같은 특징을 가진다.

탈중앙화

기존의 신원 인증 시스템이 중앙 기관(예: 정부, 은행, 대기업)에 의존하여 정보를 저장하고 검증하는 방식과 달리, DID는 특정 중앙 기관의 통제 없이 사용자가 자신의 신원 정보를 직접 생성, 관리, 통제한다.

사용자 주권

개인이 자신의 개인 정보에 대한 완전한 통제권(자기 주권)을 가진다. 필요한 정보만 선택적으로 증명하거나 공개할 수 있으며, 누구에게 언제 정보를 제공할지 스스로 결정한다.

블록체인 기반

신원 정보 자체는 블록체인에 저장되지 않지만, 신원 정보의 존재와 무결성을 증명하는 메타데이터(예: 공개키, DID 문서의 주소)가 블록체인에 기록된다. 이를 통해 위변조가 불가능하고 투명하게 검증될 수 있다.

고유 식별자

DID는 전 세계적으로 고유한 식별자로, 사람, 조직, 사물, 심지어 추상적인 개념까지 모든 대상을 식별할 수 있다.

암호학적 증명

DID는 암호화 기술(디지털 서명 등)을 사용하여 신원 정보의 진위성과 사용자 통제권을 안전하게 증명한다.

결론적으로, DID는 '내가 내 정보를 직접 관리하고, 필요한 순간에 필요한 정보만 골라서 안전하게 증명할 수 있는' 미래형 신원 인증 기술이라고 할 수 있다.

3장

코인 결제 부동산, 현실이 되다

- 실제 거래 사례: 두바이, 마이애미, 리스본
- 코인 기반 매매 시의 실무 절차

"코인으로 집을 산다고? 그게 정말 가능해요?" 아직도 이런 질문을 하는 사람들이 많지만, 대답은 명확하다. 그래, 가능하다! 그리고 이미 전 세계 주요 도시에서 현실로 이뤄지고 있다. 암호화폐와 블록체인 기술의 발전은 더 이상 먼 미래의 이야기가 아니다. 실제로 부동산 시장의 거래 방식을 바꾸는 강력한 동력이 되고 있는 것이다.

실제 거래 사례
두바이, 마이애미, 리스본

일부 선구적인 도시들은 이미 블록체인 기반의 부동산 거래와 암호화폐 결제를 적극적으로 수용하며 새로운 시장을 개척하고 있다.

두바이
중동의 블록체인 허브에서 펼쳐지는 부동산 혁명
—

두바이는 일찍부터 블록체인 기술을 국가의 핵심 전략으로 삼고 '두바이 블록체인 전략 2020' 등을 통해 적극적으로 관련 산업을 육성했다. 이러한 정책적 지원은 부동산 시장에도 영향을 미쳐, 두바이는 세계에서 가장 활발하게 암호화폐 부동산 거래가 이루어지는 도시 중 하나가 되었다.

> **실제 사례**

두바이의 부동산 개발사 담악(DAMAC Properties)은 2022년부터 비트코인(BTC)과 이더리움(ETH)으로 주택 구매 대금을 결제할 수 있도록 허용했다.[3] 이는 수천만 달러에 달하는 고가 주택의 구매까지 암호화폐로 가능하게 한 사례로, 해외 투자자들의 접근성을 크게 높였다. 또한, 두바이 정부 산하의 토지청(Dubai Land Department, DLD)은 블록체인 기반의 부동산 등기 시스템 도입을 추진하며 거래의 투명성과 효율성을 강화하고 있다. 이를 통해 외국인 투자자들이 복잡한 환전 및 송금 과정 없이 자신의 디지털 자산으로 쉽게 두바이 부동산에 투자할 수 있게 된 것이다.

---

3) https://www.g-enews.com/article/Securities/2022/05/202205021027504018c4c55f9b3d_1

마이애미
암호화폐 친화적인 미국의 선봉장
―

미국 플로리다주 마이애미는 '비트코인 시티'를 표방할 정도로 암호화폐에 매우 우호적인 정책을 펼치고 있다. 프란시스 수아레즈(Francis Suarez) 시장의 강력한 지지 아래, 시 직원 급여를 비트코인으로 지급하는 방안까지 논의되는 등 암호화폐 생태계가 빠르게 확장되고 있다.

실제 사례

주요 도시들이 이러한 흐름을 선도하고 있다. 지난해 10월 암호화폐 전문 매체인 디크립트의 보도에 따르면, 로스앤젤레스는 17개 기업에서 비트코인 결제가 가능하여 미국 내에서 비트코인에 가장 친화적인 도시로 꼽혔다. 뒤이어 뉴욕(13곳)과 산호세(6곳)가 비트코인 친화 도시 상위권에 이름을 올렸다. 이들 도시에서는 주로 민간 기업들이 비트코인 결제 도입에 앞장섰다.

반면, 시장이 비트코인 결제에 대한 강한 의지를 보이고 있는 마이애미는 한 걸음 더 나아가 공과금 등 공적 영역에서도 비트코인 활용 방안을 모색하고 있다는 점에서 차별점을 보인다. 프란시스 수아레즈 마이애미 시장은 시 공무원 봉급 지급, 공과금과 세금 지불에 비트코인을 사용하는 방안을 적극적으로 추진하며, 궁극적으로 마이애미를 비트코인 친화 도시로 만들겠다는 비전을 제시한 바 있다. 이러한 공적 영역에서의 비트코인 수용 노력은 암호화폐가 투기 자산을 넘어 실질적인 화폐로서 기능할 수 있음을 보여주는 중요한 시도이다.[4]

이러한 개별 기업이나 도시의 노력과 더불어, 부동산 시장에서는 Propy와 같은 블록체인 부동산 플랫폼이 중개 역할을 하며 비트코인 결제를 통한 부동산 거래를 실질적인 대안으로 제시하고 있다. 이 플랫폼들은 구매자가 비트코인을 에스크로(Escrow) 서비스에 안전하게 예치하고, 스마트 계약을 통해 소유권 이전과 대금 결제가 자동적으로 이루어지도록 함으로써 거래의 효율성을 극대화했다. 이 과정에서 기존의 복잡하고 오랜 시간이 걸리던 은행 송금이나 수표 발행 절차 없이 몇 분 만에 거래가 완료되는 혁신을 보여주며, 거래 속도와 투명성을 입증했다. 이는 미국의 부동산 시장에서 암호화폐 결제가 실질적인 대안이자 중요한 이정표가 될 수 있음을 시사한다.

---

[4] https://www.seoul.co.kr/news/international/USA-amrica/2021/02/02/20210202500045

리스본
유럽의 새로운 디지털 노마드 허브
―

포르투갈의 수도 리스본은 유럽 내에서 암호화폐 투자자들에게 특히 매력적인 도시로 부상하고 있다. 암호화폐 관련 세금이 비교적 낮고, 디지털 노마드와 스타트업에 개방적인 정책을 펼치면서 많은 암호화폐 부자들이 유입되고 있다.

> **실제 사례**

리스본에서는 직접적인 암호화폐 결제가 법적으로 명확히 허용되지는 않지만, 암호화폐를 유로화로 즉시 환전하여 부동산 대금을 지불하는 방식이 활발하게 이뤄지고 있다. 2022년에는 포르투갈에서 처음으로 비트코인으로 아파트가 구매된 사례가 보고되었다. 매수자는 자신의 비트코인을 유로화로 환전한 후 대금을 지불하는 방식으로 거래를 완료했다. 이러한 방식은 직접적인 코인 결제가 아니더라도, 암호화폐 자산을 활용하여 부동산을 구매하려는 수요가 얼마나 큰지를 보여주며, 향후 직접 결제가 가능한 법적 환경이 조성될 경우 거래가 더욱 활성화될 잠재력을 시사한다.[5]

---

5) https://www.g-enews.com/article/Securities/2022/05/2022050823244262234c4c55f9b3d_1#:~:text=

일본

부동산을 코인으로 살 수 있는 주요 배경과 사례

―

일본은 부동산을 암호화폐로 구매하는 것이 가능하며, 오히려 암호화폐와 블록체인 기술을 부동산 시장에 적극적으로 도입하고 있는 선도적인 국가 중 하나다.

> **실제 사례**

암호화폐 결제 도입에 적극적인 기업들

오픈하우스 그룹

최근 (2025년 1월부터) 일본 도쿄증권거래소 상장사인 오픈하우스 그룹은 비트코인(BTC)과 이더리움(ETH)을 자사 부동산 거래 결제 수단으로 공식 도입했으며, 이후 엑스알피(XRP), 솔라나(SOL), 도지코인(DOGE) 등 주요 암호화폐로 결제 옵션을 대폭 확장했다. 이 회사는 일본 내 주택 분양, 중고 주택 매매, 관리, 임대, 개발 등 종합 부동산 서비스를 제공하는 대형 기업이다. 이는 암호화폐가 단순한 투기 수단이 아닌 실질적인 결제 수단으로 활용되고 있음을 보여주는 중요한 사례다.[6]

---

6) https://v.daum.net/v/GJ6IeZxpam?dmp_id=hamny-GJ6IeZxpam%E2%80%8B#:~:text

ITANJI (이탄지)

과거 2018년부터 부동산 서비스 회사인 이탄지(ITANJI)는 '헤야진 코인(HEYAZINE COIN)'을 출시하여 암호화폐로 부동산 매매 및 관련 비용(수수료 등) 결제를 가능하도록 지원하는 서비스를 제공했다. 이는 부동산 거래에 IT 기술을 접목하여 효율성을 높이려는 노력이다.[7]

---

7) https://www.mk.co.kr/news/world/8167895

일본 정부의 정책적 뒷받침

- 자금결제법 개정

일본은 '자금결제법(Payment Services Act)'을 통해 암호화폐 및 스테이블코인 시장의 법적 기반을 마련하고 있다. 특히, 2022년 6월 개정된 자금결제법에서는 스테이블코인의 법적 지위를 명확히 하고, 이를 '전자결제수단'으로 규정했다. 이로 인해 은행, 신탁회사, 자금이체 사업자가 스테이블코인을 발행할 수 있게 되었고, 해외 발행 스테이블코인의 일본 내 유통도 허용되었다.

- 긍정적인 규제 환경

일본 금융청(FSA)은 암호화폐 및 웹3(Web3) 시장에 대한 규제 환경을 우호적으로 조성하며 기업들이 암호화폐를 실물 경제에 접목하는 시도를 적극적으로 지원하고 있다. 이러한 정책적 변화는 부동산 시장에서의 암호화폐 결제 채택을 가속화하는 요인이 된다.

암호화폐 결제의 이점

- 거래 절차 간소화

암호화폐 결제는 복잡한 은행 송금이나 환전 절차를 줄여주고, 국경을 넘는 거래에서 발생하는 결제 장벽을 낮춘다. Propy와 같은 블록체인 기반 플랫폼들은 스마트 계약과 에스크로 서비스를 활용하여 소유권 이전과 대금 결제를 자동화하고 몇 분 만에 거래를 완료하는 효율성을 보여주었다.

- 해외 투자자 접근성 확대

특히 리플(XRP)과 같이 송금 속도가 빠르고 수수료가 낮은 암호화폐의 도입은 국제 투자자들의 결제 편의를 높여 일본 부동산 시장의 문턱을 낮추는 효과가 있다.

고려 사항

- 가격 변동성

암호화폐는 여전히 가격 변동성이 크기 때문에, 부동산 가격을 직접 암호화폐에 연동하는 것은 리스크가 있다. 이를 완화하기 위해 스테이블코인을 활용하거나, 결제 후 즉시 법정화폐(엔화)로 전환하는 방식이 주로 고려된다.

- 세금 문제

일본 정부는 암호화폐 투자에 대해 주식 및 기타 금융 상품과 동일하게 20%의 세율을 적용하는 방안을 논의 중이며, 세금 규제 환경도 계속 변화하고 있으므로, 거래 시 세금 관련 사항을 꼼꼼히 확인해야 한다. 결론적으로, 일본은 암호화폐 및 블록체인 기술을 부동산 시장에 적극적으로 도입하고 있으며, 여러 대형 부동산 기업들이 암호화폐 결제를 공식적으로 지원하고 있다. 정부의 우호적인 규제 환경과 맞물려 일본에서는 코인으로 부동산을 사는 것이 점차 현실화되고 있는 추세다.

코인 기반 매매 시의 실무 절차

현재 코인 기반 부동산 매매는 각국의 법적, 제도적 환경에 따라 다소 차이가 있지만, 일반적인 실무 절차는 다음과 같이 요약할 수 있다.

매매 협상 및 조건 합의

매도인과 매수인이 매매 가격, 결제 코인 종류(비트코인, 이더리움, 특정 스테이블코인 등), 환율 적용 기준, 결제 시점 등을 합의한다. 이때 코인의 가격 변동성 때문에 환율 적용 시점(예: 계약 체결 시점, 잔금 지불 시점의 평균 가격)을 명확히 하는 것이 중요하다.

부동산 토큰화 (선택 사항)

일부 플랫폼에서는 실제 부동산을 블록체인 상의 NFT(대체 불가능 토큰)나 다른 형태의 디지털 토큰으로 발행한다. 이 토큰은 해당 부동산의 소유권을 상징하며, 향후 거래의 핵심 매개체가 된다. 모든 코인 결제 거래에 토큰화가 필수적인 것은 아니지만, 소유권 이전을 블록체인 상에서 직접적으로 기록하고 싶을 때 사용된다.

디지털 신원 인증 및 KYC/AML

거래 당사자들은 블록체인 기반의 디지털 신원 인증 시스템이나 신뢰할 수 있는 제3자(부동산 플랫폼, 법무법인 등)를 통해 신원을 확인하고, 자금세탁 방지(AML) 및 고객 알기(KYC) 절차를 준수한다. 이는 투명성을 높이고 불법 자금 유입을 막기 위함이다.

스마트 계약 생성 및 서명

합의된 매매 조건을 바탕으로 스마트 계약이 작성된다. 이 계약은 블록체인에 배포되며, 특정 조건(예: 매수인의 코인 송금)이 충족되면 소유권 이전과 대금 지불이 자동으로 실행되도록 코딩된다. 매도인과 매수인은 디지털 서명(지갑 서명)을 통해 이 스마트 계약에 동의한다.

코인 에스크로 및 대금 지불

매수인은 합의된 암호화폐를 스마트 계약이 관리하는 에스크로 지갑(Escrow Wallet)으로 송금한다. 이 지갑은 제3자의 중개 없이 스마트 계약의 조건에 따라 자금을 보관하고, 조건이 충족될 때 자동으로 매도인에게 전달한다. 이는 전통적인 에스크로 서비스와 유사하게 안전한 거래를 보장하며, 중간자의 수수료를 절감한다.

소유권 이전 및 등기

코인 대금이 에스크로 지갑에 안전하게 입금되거나, 스마트 계약 조건에 따라 매도인에게 전달되는 순간, 소유권 토큰(NFT 등)이 매수인 지갑으로 이전된다. 동시에, 해당 국가의 법률이 허용한다면 블록체인 기반의 디지털 토지 등기 시스템에 소유권 변경이 실시간으로 기록된다. 만약 해당 국가의 법률이 아직 블록체인 등기를 지원하지 않는다면, 블록체인 거래 기록을 바탕으로 기존의 법적 등기 절차를 보조적으로 진행하게 된다.

세금 처리

코인 거래와 관련된 세금은 각국의 법률에 따라 다르게 적용된다. 암호화폐를 이용한 부동산 거래는 양도소득세, 취득세 등 다양한 세금 이슈를 발생시킬 수 있으므로, 해당 국가의 세법 전문가와 상담하여 정확한 세금 보고 및 납부 절차를 따라야 한다. 일부 국가에서는 암호화폐를 이용한 거래에 대해 특별한 세제 혜택을 주기도 한다.

일본에서는 부동산을 암호화폐로 구매하는 것이 가능하며, 오히려 일본은 암호화폐와 블록체인 기술을 부동산 시장에 적극적으로 도입하고 있는 선도적인 국가 중 하나다.

 **참고**

한국의 코인(가상자산) 거래에 대한 세금 정책 정리

> **과거**
> **(~2021년)**

과세 공백기

2017년 비트코인 열풍이 불기 시작했지만, 당시에는 가상자산에 대한 명확한 법적 정의나 과세 기준이 없었다. 이로 인해 가상자산 거래를 통한 수익에 대해 직접적인 소득세는 부과되지 않았다.

간접적 과세 가능성

다만, 법인의 가상자산 거래 이익에 대해서는 법인세가 부과될 수 있었고, 가상자산을 상속하거나 증여하는 경우에는 상속세 및 증여세가 부과되었다. 또한, 가상자산 사업자(거래소 등)에게는 부가가치세 등이 부과될 수 있었다.

규제 논의 시작

2017년 말부터 정부는 암호화폐 투기의 과열을 우려하며 규제 논의를 시작했다. 법무부, 금융위원회, 국세청 등 여러 부처에서 가상자산에 대한 과세 방안을 모색하기 시작한 시기다.

현재
(2022년 ~ 2026년)

과세 법안 마련 및 유예

2020년 7월 기획재정부는 '2020년 세법개정안'을 통해 가상자산 소득에 대한 과세 방안을 공식화했다. 핵심 내용은 2022년 1월 1일부터 가상자산 양도 또는 대여로 발생한 소득에 대해 250만원을 초과하는 금액에 대해 20%의 기타소득세(지방세 포함 22%)를 부과한다는 것이었다.

두 차례 유예

▼ **1차 유예 (2022년 → 2023년)**

당초 2022년부터 시행될 예정이었으나, 투자자들의 반대 여론과 과세 인프라 미비 등의 이유로 1년 유예되어 2023년부터 시행될 것으로 변경되었다.

▼ **2차 유예 (2023년 → 2025년)**

다시 2023년 시행을 앞두고 금융투자소득세(금투세)와의 형평성 논란, 해외 거래소 정보 파악의 어려움 등으로 인해 2025년 1월 1일로 2년 더 유예되었다.

▼ **3차 유예 (2025년 → 2027년)**

가장 최근인 2024년 말, 국회에서 소득세법 개정안이 통과되면서 가상자산 소득 과세 시행 시기가 2027년 1월 1일로 다시 2년 유예되었다. 이로써 최초 계획보다 총 5년이 유예된 셈이다.

현행 과세 사항

현재에도 유의할 점은 가상자산 거래 수익에 대한 소득세 부과는 유예되었지만, 가상자산을 상속하거나 증여하는 경우에는 상속세 및 증여세가 부과된다.

또한, 가상자산 채굴, 에어드롭, 디파이(DeFi) 수익, 레퍼럴 소득 등 기타 가상자산 관련 소득에 대한 과세 여부도 논의되고 있거나, 경우에 따라 현재도 과세 대상에 포함될 수 있다. 해외 거래소 이용자의 경우에도 국내법상 과세 대상이며, 2027년부터는 국가 간 가상자산 거래 정보 교환이 이뤄질 예정이어서 해외 거래소 소득 파악이 더욱 용이해질 것이다.

> **미래**
> **(2027년 이후)**

본격적인 과세 시행

현재 유예된 소득세법 개정안에 따라 2027년 1월 1일부터는 가상자산 양도 및 대여 소득에 대한 과세가 본격적으로 시행될 예정이다.

과세 대상

가상자산의 양도(매매) 및 대여(빌려주고 이자 받는 경우)로 발생한 소득.

소득 구분

'기타소득'으로 분류되어 분리과세된다.

기본 공제

연간 250만 원까지는 비과세 혜택이 적용된다. (다른 기타소득과 합산하여 250만원)

세율

기본 공제액 250만 원을 초과하는 소득에 대해 20%의 세율(지방세 포함 22%)이 부과된다.

취득가액 산정 방식 보완

2027년 1월 1일 이전에 보유하고 있던 가상자산의 취득가액은 2026년 12월 31일 시가와 실제 취득가액 중 큰 금액으로 인정받을 수 있다. 또한, 실제 취득가액 확인이 어려운 경우 양도가액의 일정 비율(최대 50%)을 취득가액으로 의제하는 방식도 허용된다.

STO(증권형 토큰) 과세

증권형 토큰(STO)은 기존 금융투자상품과 유사하게 증권법의 적용을 받으므로, STO를 통한 수익은 금융투자소득세(금투세) 또는 양도소득세 등 기존 증권 관련 세법의 적용을 받을 가능성이 높다.

금투세 폐지

2024년 12월 국회에서 금투세 폐지가 결정되면서, 주식 등 금융투자소득에 대한 세금 부담이 줄어들었다. 이는 STO가 증권형 토큰으로 분류될 경우 일반 주식과 유사한 과세 체계를 가질 수 있음을 시사한다.

글로벌 정보 교환 및 시스템 정비

2027년부터는 해외 가상자산 거래 내역에 대한 국가 간 정보 교환이 활성화될 예정이다. 이는 해외 거래소를 이용한 투자자들의 소득 파악을 용이하게 하여 과세 형평성 문제를 개선할 것으로 기대된다. 국내에서도 가상자산사업자의 과세 자료 제출 의무가 강화될 것이다.

> **요 약**
>
> 한국의 코인 거래 세금은 '소득 있는 곳에 과세 있다'는 원칙 아래 도입되었으나, 시장 상황과 투자자들의 요구를 반영하여 여러 차례 유예 과정을 거쳤다. 2027년부터는 기본적인 가상자산 양도 및 대여 소득에 대한 과세가 시행될 예정이며, STO 등 새로운 형태의 디지털 자산에 대한 과세 체계도 점차 명확해질 것으로 보인다. 투자자들은 변화하는 세법에 대한 지속적인 관심과 전문가의 자문을 통해 세금 문제를 관리해야 할 것이다.

이처럼 코인 결제 부동산 거래는 단순한 호기심을 넘어, 실제 시장에서 유의미한 사례들을 만들어내며 새로운 표준으로 자리 잡아가고 있다. 물론 아직 법적, 제도적 미비점이 존재하지만, 전 세계적인 규제 움직임과 기술 발전은 이러한 거래를 더욱 보편화시킬 것이다.

PART 2

스테이블코인과
디지털 결제가
여는 문

4장

스테이블코인:
실물 자산과 디지털 금융의 다리

- USDC, USDT, DAI의 구조와 차이
- 결제 수단으로서의 안정성

비트코인이나 이더리움 같은 일반적인 암호화폐는 엄청난 가격 변동성으로 유명하다. 하루에도 수십 퍼센트씩 오르내리는 가격은 투기적인 투자에는 매력적일지 몰라도, 안정적인 결제 수단으로 사용하기에는 치명적인 약점이다. 오늘 집값이 10억 원인데 내일 8억 원이 될 수도 있다면, 누가 감히 비트코인으로 집을 사려고 할까? 바로 이러한 문제를 해결하기 위해 등장한 것이 스테이블코인(Stablecoin)이다.

스테이블코인은 이름 그대로 '안정적인(Stable)' 코인을 의미한다. 특정 법정화폐(주로 미국 달러)나 금과 같은 실물 자산의 가치를 1:1로 추종하도록 설계되어, 암호화폐의 유동성과 블록체인의 투명성을 가지면서도 전통적인 화폐와 유사한 안정성을 제공한다. 이 때문에 스테이블코인은 디지털 자산 시장과 실물 경제를 연결하는 핵심적인 '다리' 역할을 수행하며, 특히 부동산과 같은 고액 자산 거래에서 그 가치를 더욱 발휘하고 있다.

USDC, USDT, DAI의 구조와 차이

현재 가장 널리 사용되는 스테이블코인은 USDT(테더), USDC(USD 코인), DAI(다이)가 있다. 이들은 모두 미국 달러에 가치를 고정하려 하지만, 그 구조와 안정화 방식에서 중요한 차이를 보인다.

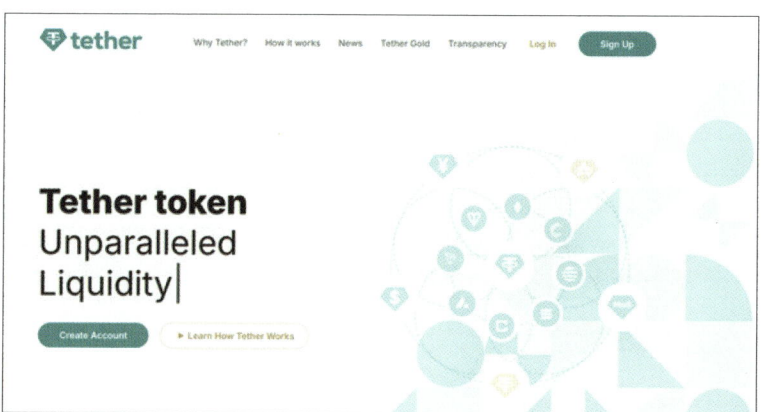

USDT (Tether)

구조

USDT는 가장 오래되고 시가총액이 큰 스테이블코인이다. 중앙화된 발행사(테더 주식회사)가 발행하며, 준비금은 주로 현금 및 현금 등가물, 기업어음, 국채 등으로 구성된다. 이론적으로는 1 USDT가 1 미국 달러의 가치를 가진다.

안정화 방식

테더 주식회사가 보유한 준비금을 바탕으로 USDT를 발행하고 소각함으로써 가치를 안정화한다. 사용자가 USDT를 법정화폐로 교환하고 싶을 때, 테더는 준비금에서 해당 금액을 지급하고 USDT를 소각한다.

장점

압도적인 유동성과 넓은 사용처를 가지고 있다.

단점

중앙화된 구조로 인해 준비금의 투명성에 대한 의문이 지속적으로 제기되어 왔다. 실제로 준비금 감사보고서의 불확실성 때문에 여러 차례 논란이 있었으며, 이는 법정화폐 기반 스테이블코인의 중앙화 리스크를 보여주는 사례이다.

USDC (USD Coin)
—

구조

USDC는 서클(Circle)과 코인베이스(Coinbase)가 설립한 컨소시엄인 센터(Centre)에서 발행한다. USDT와 마찬가지로 1 USDC가 1 미국 달러의 가치를 가진다. 준비금은 주로 현금 및 단기 미국 국채로 구성되며, 발행사가 매월 회계법인의 감사를 통해 준비금 증명 보고서를 발행한다.

안정화 방식

엄격한 규제와 정기적인 감사보고서를 통해 준비금의 투명성을 극대화하여 신뢰를 구축한다. 새로운 USDC가 발행될 때마다 해당 금액만큼의 달러가 준비금 계좌에 예치되고, USDC가 소각될 때 준비금에서 달러가 인출된다.

장점

높은 투명성과 규제 준수 노력으로 인해 기관 투자자 및 규제 당국의 신뢰를 받고 있다. '가장 투명한 스테이블코인'이라는 평가를 받는다.

단점

역시 중앙화된 발행사에 의해 관리되므로 발행사의 신뢰성에 전적으로 의존한다는 한계가 있다.

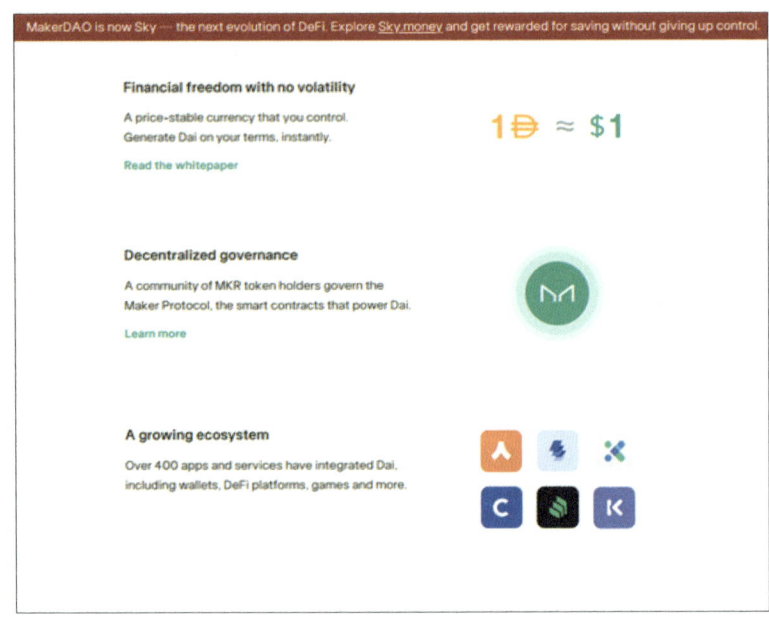

DAI (Dai)

구조

DAI는 메이커다오(MakerDAO)라는 탈중앙화 자율 조직(DAO)에 의해 발행되는 탈중앙화 스테이블코인이다. USDT나 USDC와 달리 특정 중앙 발행사가 존재하지 않으며, 이더리움(ETH)이나 다른 암호화폐 자산들을 담보로 발행된다. 1 DAI는 1 미국 달러의 가치를 추종한다.

안정화 방식

사용자가 암호화폐를 담보로 제공하고 DAI를 대출받는 방식(담보 과잉 대출)으로 발행된다. 담보 자산의 가치가 하락하면 자동으로 청산되어 DAI의 가치 변동을 방지한다. 또한, 시장 상황에 따라 발행 수수료(안정화 수수료)를 조절하거나 담보 비율을 변경하여 DAI의 가치를 달러에 고정시키려는 메커니즘을 가진다.

장점

특정 중앙 기관에 의존하지 않으므로 검열 저항성이 높고 탈중앙화된 금융(DeFi) 생태계에서 중요한 역할을 한다.

단점

담보로 사용되는 암호화폐의 가격 변동성에 의해 안정성이 영향을 받을 수 있으며, 복잡한 거버넌스 모델을 이해해야 한다. 극심한 시장 변동 시에는 담보 청산 위험이 존재한다.

결제 수단으로서의 안정성

이러한 스테이블코인들이 부동산과 같은 고액 자산 결제 수단으로 주목받는 이유는 바로 안정성 때문이다.

가격 변동성 제거

비트코인처럼 가격이 급변하는 자산과 달리, 스테이블코인은 특정 법정화폐의 가치를 따라가므로 결제 시점의 가치 변동 위험을 사실상 제거한다. 매도인은 자신이 받기로 한 달러 가치만큼의 코인을 정확히 받을 수 있고, 매수인은 지불하는 코인의 가치가 급변할까 걱정할 필요가 없다. 이는 고액 자산 거래에서 필수적인 예측 가능성을 제공한다.

즉각적인 결제 및 정산

블록체인 기반의 스테이블코인은 24시간 365일 언제든 전 세계 어디로든 송금할 수 있다. 전통적인 은행 시스템의 업무 시간이나 국제 송금의 긴 처리 시간 없이, 몇 분 만에 거래가 완료된다. 이는 부동산 계약의 잔금 처리나 임대료 지불 등에서 혁신적인 속도를 제공한다.

낮은 수수료

국제 송금이나 대량의 현금 거래는 높은 은행 수수료를 동반한다. 스테이블코인은 블록체인 네트워크 수수료(Gas fee)만 지불하면 되므로, 전통적인 금융 시스템에 비해 훨씬 저렴한 비용으로 결제가 가능하다. 특히 국경을 넘는 부동산 투자에서 이러한 비용 절감 효과는 더욱 커진다.

투명성과 추적 가능성

모든 스테이블코인 거래는 블록체인에 기록되므로, 거래 내역의 투명성과 추적 가능성이 보장된다. 이는 자금 세탁 방지(AML) 및 규제 준수 측면에서 긍정적인 요소이며, 거래 당사자 간의 신뢰를 높인다.

스테이블코인은 암호화폐의 탈중앙화된 특성과 전통 금융의 안정성을 결합하여, 디지털 자산이 단순히 투기 수단을 넘어 실물 경제, 특히 부동산 시장에서 실제 결제 수단으로 기능할 수 있도록 하는 핵심적인 기술적 기반을 제공하고 있다. 이들이 가진 안정성 덕분에 우리는 이제 '코인으로 집을 사는' 꿈을 현실로 만들 수 있게 된 것이다.

참고

원화 스테이블코인으로 부동산을 살 수 있을까? (현재 vs. 미래)

현재 대한민국의 법률 및 금융 시스템 하에서는 원화 스테이블코인으로 직접 부동산을 사는 것은 불가능하다. 하지만 미래에는 그 가능성이 열릴 수 있다.

현 재

*2025년 5월 기준

결론

원화 스테이블코인으로 직접 부동산 매매는 불가능하다.

그 이유

◤ 법정통화의 정의 및 사용

대한민국에서 부동산 매매와 같은 법적인 거래에서 결제 수단으로 인정되는 것은 오직 대한민국 원화(KRW)라는 법정통화뿐이다. 원화 스테이블코인(가칭)은 아무리 원화 가치에 고정되어 있다고 해도, 현재 법적으로는 '돈'으로 인정되는 법정통화가 아니다. 따라서 법적으로 유효한 계약 및 등기 절차에 직접 사용될 수 없다.

▶ 원화 스테이블코인의 부재 및 규제 미비

부재

현재 한국 시중에서 대규모로 통용되거나 공신력 있는 원화 스테이블코인은 존재하지 않는다. 해외에는 USDC나 USDT처럼 달러에 연동된 스테이블코인이 널리 쓰이지만, 원화에 연동된 스테이블코인은 상용화되지 못했다.

규제 미비

원화 스테이블코인의 발행 및 유통에 대한 명확한 규제 프레임워크가 아직 마련되지 않았다. 금융 당국(한국은행, 금융위원회)은 디지털 화폐의 안정성과 투명성, 그리고 금융 시스템의 안정성을 매우 중요하게 여기므로, 원화 스테이블코인이 발행되더라도 엄격한 규제 하에 놓일 것이다.

▶ 부동산 등기 시스템의 한계

한국의 부동산 등기 시스템은 블록체인 기반의 디지털 등기와 직접 연동되어 있지 않다. 원화 스테이블코인으로 거래가 이뤄졌다고 해도, 최종적인 소유권 이전은 법무사를 통한 물리적인 서류 제출과 등기소의 등록 절차를 거쳐야 한다. 이 과정에서 결제는 반드시 법정통화인 원화로 이뤄져야 한다.

▼ 현재 가능한 간접적인 활용

만약 원화 스테이블코인이 발행된다면, 이를 통해 부동산 매매에 필요한 자금을 보관하거나 송금하는 수단으로 활용될 수는 있다. 최종 결제 단계에서는 원화 스테이블코인을 다시 법정통화인 원화로 환전해야 한다.

부동산 조각 투자(STO) 플랫폼 등에서 STO를 구매하는 데 사용될 수 있지만, 이는 부동산의 부분 소유권을 구매하는 것이며, 그마저도 현재는 원화 결제가 주를 이룬다.

미 래

결론

여러 조건이 충족된다면 원화 스테이블코인으로 직접 부동산을 사는 것이 가능해질 수 있다.

미래 가능성을 여는 조건들

▼ 한국은행 디지털 원화(CBDC)의 도입

가장 유력한 시나리오

한국은행이 디지털 원화(CBDC)를 발행하게 된다면, 이는 법정통화의 디지털 버전이므로 현금과 동일한 법적 지위를 가진다. 따라서 CBDC를 통한 부동산 결제는 가장 확실하게 미래에 실현될 수 있는 시나리오이다. 한국은행은 현재 CBDC 발행을 연구하고 있지만, 상용화 시점은 불확실하다.

부동산 영향

CBDC는 실시간 정산, 낮은 수수료, 강력한 자금 추적 기능을 제공하여 부동산 거래의 투명성과 효율성을 극대화할 것이다.

▼ **민간 발행 원화 스테이블코인에 대한 법적 정의 및 규제 마련**

한국 정부가 민간에서 발행하는 원화 스테이블코인에 대해 명확한 법적 근거를 마련하고, 이를 '전자화폐' 또는 '지급수단'으로서 법적 지위를 부여한다면 부동산 거래에 활용될 수 있다. 일본이 엔화 스테이블코인에 대한 법적 근거를 마련한 사례가 좋은 참고점이 될 수 있다. 이 경우, 해당 스테이블코인은 발행 기관의 엄격한 준비금 관리와 정부의 감독을 받게 될 것이다.

▼ **부동산 토큰화(STO) 활성화 및 결제 연동**

부동산을 조각 내어 증권형 토큰(STO)으로 발행하고 유통하는 시장이 활성화될 경우, 이 STO를 원화 스테이블코인으로 직접 구매할 수 있는 시스템이 구축될 수 있다. 이는 부동산의 부분 소유권에 대한 디지털 결제를 가능하게 한다. 나아가, 부동산 자체의 온전한 소유권을 나타내는 NFT(대체 불가능 토큰)나 기타 디지털 토큰이 발행되고, 이를 원화 스테이블코인으로 거래하는 것이 법적으로 인정된다면 직접적인 매매도 가능해질 것이다.

▶ 블록체인 기반 디지털 등기 시스템 도입

한국의 부동산 등기 시스템이 블록체인 기반으로 전환되어, 디지털 자산(부동산 토큰)의 이전이 곧 소유권 이전으로 법적 효력을 가지게 된다면 원화 스테이블코인 결제의 유연성이 크게 높아질 것이다. 이는 법무사를 통한 복잡한 절차 없이 블록체인 상의 기록만으로 소유권이 확정되는 시대를 의미한다.

요 약

　현재 한국에서는 원화 스테이블코인으로 직접 부동산을 살 수 없다. 그러나 한국은행의 CBDC 도입, 원화 스테이블코인에 대한 법적/규제적 프레임워크 마련, 부동산 토큰화 시장의 성장, 그리고 디지털 등기 시스템의 구축 등 여러 요소들이 유기적으로 발전한다면, 미래에는 원화 스테이블코인을 통해 부동산을 직접 매매하는 것이 현실이 될 수 있다. 이는 부동산 시장의 효율성과 투명성을 크게 높이는 변화를 가져올 것이다.

 **참고**

현재 2025년 6월 2일 기준으로 한국의 스테이블코인 거래량은 상당한 규모로 나타나고 있으며, 특히 달러 기반 스테이블코인이 압도적인 비중을 차지하고 있다.

최근 한국 스테이블코인 거래량

*2025년 1분기 기준

▼ 총 거래량

2025년 1분기 국내 가상자산 거래소에서 거래된 스테이블코인 규모는 57조 원에 달했다.

주요 스테이블코인 비중

▼ USDT(테더)

약 47조 3,311억 원으로 전체 스테이블코인 거래량의 83.1%를 차지하며 압도적인 1위다.

▼ USDC(USD 코인)

약 9조 6,186억 원으로 16.9%를 차지하며 뒤를 이었다.

▼ **USDS**

41억 원(0.01%) 수준으로 미미한 비중을 보였다.

거래량 추이

스테이블코인 국내 거래량은 작년 3분기 17조 원에서 4분기 60조 원으로 급증했으며, 2025년 1분기에도 57조 원을 기록하며 높은 수준을 유지하고 있다.

이는 비트코인 등 변동성이 큰 암호화폐 시장에서 안정적인 가치 저장 및 거래 수단으로서 스테이블코인의 수요가 꾸준히 증가하고 있음을 보여준다.[8]

특징 및 시사점

▼ **달러 기반 스테이블코인 편중**

국내 스테이블코인 거래의 대부분은 달러에 연동된 USDT와 USDC가 차지한다. 이는 국내에 아직 공신력 있는 원화 스테이블코인이 부재하고, 해외 스테이블코인을 활용한 거래가 활발함을 의미한다.

---

8) https://www.mk.co.kr/news/business/11332521

▼ **규제 환경의 불확실성**

한국은 스테이블코인에 대한 명확한 규제 프레임워크가 아직 미비한 상황이다. '가상자산 이용자 보호 등에 관한 법률'이 제정되었지만, 스테이블코인에 대한 구체적인 규제는 2단계 입법 과제로 논의 중이다. 한국은행 총재는 원화 스테이블코인이 화폐 대체재 역할을 할 수 있어 은행권으로부터 발행이 시작되어야 한다는 입장을 밝히기도 했다. 이러한 규제 불확실성은 국내 기업들이 스테이블코인 시장에서 주도적인 역할을 하기 어렵게 만드는 요인으로 지적된다.

▼ **간접적인 활용**

현재 국내에서는 원화 스테이블코인으로 직접 부동산 매매가 불가능하다. 법정통화인 원화만이 법적인 결제 수단으로 인정되기 때문이다. 하지만 스테이블코인을 통해 부동산 매매 자금을 보관하거나 송금하는 간접적인 활용은 가능하다.

▼ **미래 전망**

한국은행의 디지털 원화(CBDC) 도입, 민간 발행 원화 스테이블코인에 대한 법적 정의 및 규제 마련, 부동산 토큰화(STO) 활성화, 블록체인 기반 디지털 등기 시스템 도입 등 여러 요소가 충족된다면, 미래에는 원화 스테이블코인을 통한 직접적인 부동산 거래가 가능해질 것으로 예상된다. 이는 부동산 시장의 효율성과 투명성을 크게 높일 잠재력을 가지고 있다.

종합적으로 볼 때, 한국의 스테이블코인 거래량은 급증하고 있으며, 이는 암호화폐 시장 내에서의 안정적인 자산으로서의 스테이블코인 역할이 커지고 있음을 시사한다. 다만, 아직까지는 규제적 불확실성과 원화 스테이블코인의 부재로 인해 직접적인 실물 경제 연동에는 한계가 있으며, 미래 제도 정비에 따라 시장의 성장 가능성이 매우 클 것으로 보인다.

5장

국가들은 왜 코인을 받아들이기 시작했는가?

- 미국의 규제 진화, 일본의 실험, 두바이의 개방 정책
- 스테이블코인 입법 현황과 제도권 진입

불과 몇 년 전만 해도 대다수 국가는 암호화폐를 투기 수단이나 범죄 자금으로만 여기며 규제와 경계의 시선을 보냈다. 하지만 최근 들어 미국, 일본, 아랍에미리트(UAE) 등 여러 국가에서 암호화폐, 특히 스테이블코인에 대한 인식이 변화하고 있다. 단순한 규제를 넘어 적극적인 제도권 편입과 시장 육성을 모색하는 움직임이 뚜렷해지고 있는데, 이는 암호화폐가 가진 잠재력, 즉 혁신적인 금융 기술로서의 가능성을 인정하기 시작했기 때문이다.

국가들이 코인을 받아들이는 주요 동기는 다음과 같다.

금융 혁신 및 경쟁력 강화

블록체인과 암호화폐는 기존 금융 시스템의 비효율성을 개선하고 새로운 서비스 모델을 창출할 수 있는 잠재력을 가진다. 이를 수용함으로써 국가 경쟁력을 높이고 글로벌 금융 허브로서의 입지를 강화할 수 있다.

새로운 세원 확보

디지털 자산 시장이 성장함에 따라 관련 세금을 부과하여 국가 재정을 확충할 수 있다.

디지털 경제 전환 가속화

중앙은행 디지털 화폐(CBDC) 발행과 연계하여 전반적인 디지털 경제 전환을 가속화하고, 결제 시스템을 현대화할 수 있다.

국제 송금 및 결제 효율성 증대

특히 스테이블코인을 활용하여 국경 간 거래의 속도를 높이고 비용을 절감함으로써 경제 활동을 촉진할 수 있다.

글로벌 인재 및 투자 유치

암호화폐 친화적인 정책은 블록체인 기업, 개발자, 투자자들을 유치하여 해당 국가의 기술 생태계를 활성화하는 효과를 가져온다.

이제 주요 국가들의 사례를 통해 이러한 변화를 구체적으로 살펴보자.

미국의 규제 진화, 일본의 실험, 두바이의 개방 정책

미국의 규제 진화

세계 금융 시장의 중심인 미국은 암호화폐 규제에 있어 가장 복잡하고 다층적인 접근 방식을 보여왔다. 증권거래위원회(SEC), 상품선물거래위원회(CFTC), 재무부 등 여러 기관이 관여하며 때로는 혼란을 야기하기도 했지만, 최근에는 명확한 규제 프레임워크를 구축하여 산업을 육성하려는 움직임이 강해지고 있다.

초기 규제

초기에는 비트코인 등을 '재산'으로 보고 과세하며, 자금세탁 방지(AML) 규정을 적용하는 수준이었다. 증권형 토큰에 대한 SEC의 강력한 규제 집행도 초기 시장의 특징이었다.

스테이블코인에 대한 관심 증가

특히 스테이블코인의 잠재력에 주목하기 시작했다. 2021년 재무부는 스테이블코인을 '은행과 유사한 규제'를 받아야 하는 '지불 시스템'으로 간주해야 한다는 보고서를 발표했다. 이는 스테이블코인이 단순한 디지털 자산이 아니라, 광범위한 결제 시스템에 영향을 미칠 수 있음을 인정한 것이다.[9]

입법 추진

현재 미국 의회에서는 스테이블코인 발행사를 은행과 유사하게 규제하고, 준비금 투명성을 의무화하는 스테이블코인 관련 법안들(예: Payment Stablecoin Act)이 논의 중이다. 이러한 입법이 통과되면 USDC와 같은 스테이블코인이 은행 및 금융 기관의 관리 감독 하에 더욱 안정적인 결제 수단으로 자리매김할 수 있게 된다. 이는 부동산 거래와 같은 실물 자산 시장으로의 코인 진입을 더욱 가속화할 것이다.[10]

일본의 실험

일본은 2017년 일찌감치 비트코인을 '합법적인 결제 수단'으로 인정하며 암호화폐 산업에 개방적인 태도를 보여왔다. 하지만 이후 여러 차례의 해킹 사건을 겪으며 규제를 강화하는 방향으로 선회했다. 그러나 최근에는 다시 블록체인 기술과 스테이블코인의 혁신적 잠재력에 주목하고 있다.

---

9) https://4pillars.io/ko/articles/proposal-for-domestic-stablecoin-legislation
10) https://www.kcmi.re.kr/kcmifile/seminar/281/att_39454820250514110135.pdf#:~:text

세계 최초의 스테이블코인 법

일본은 2022년 세계 최초로 스테이블코인에 대한 명확한 법률을 통과시켰다. 이 법은 스테이블코인을 '전자적 지불 수단'으로 정의하고, 발행 주체를 은행 또는 신탁회사로 제한하며, 준비금의 100%를 은행 예금이나 국채 등으로 보유하도록 의무화했다. 이는 규제된 금융기관만이 스테이블코인을 발행하고 관리할 수 있도록 하여, 스테이블코인의 신뢰성을 극대화하려는 시도이다.[11]

부동산 시장 영향

이러한 움직임은 엔화 연동 스테이블코인의 개발과 활용을 촉진하여, 일본 내 부동산 시장에서의 디지털 자산 결제 가능성을 열어줄 것으로 기대된다. 예를 들어, 일본의 대형 은행이 발행하는 스테이블코인이 있다면, 이를 통해 부동산 매매 대금을 안전하고 신속하게 정산할 수 있게 된다.

---

11) https://research.despread.io/ko/japan-stablecoin-regulation/#:~:text=
12) https://coinchoice.net/what-is-japanese-stablecoin-jpyc

일본 엔 스테이블 코인인 JPYC 사이트[12]

JPYC (Japan Yen Coin)에 대한 추가 정보

JPYC (Japan Yen Coin)는 일본 엔화에 가치를 고정시킨 스테이블코인 프로젝트다. 일본의 엄격한 금융 규제를 준수하며 시장에 출시되어, 일본 내에서 디지털 결제 및 금융 활동에 활용될 수 있는 안정적인 대안을 제시하고 있다.

JPYC의 탄생 및 목표

- 설립

JPYC 주식회사에 의해 2019년 11월 설립되었으며, 2021년 1월 일본 최초의 ERC20(이더리움 기반) 선불식 지불 수단으로서 일본 엔화 연동 스테이블코인 JPYC를 발행했다.

- 목표

암호화폐를 실생활과 연결하고, 자본의 유동성을 높여 모두가 혁신을 이룰 수 있는 사회를 만드는 것을 목표로 한다. 일본 엔화에 연동되는 최초의 스테이블코인 개발사로서, 암호화폐를 일상적인 결제 수단으로 활용하는 데 기여하고자 한다.

주요 특징 및 기술 스택

- 엔화 연동

1 JPYC의 가치는 1 일본 엔(JPY)에 고정된다. 이를 통해 암호화폐의 고유한 변동성 없이 안정적인 가치를 유지할 수 있다.

- 블록체인 지원

초기에는 이더리움 기반으로 발행되었으나, 현재는 폴리곤(Polygon), 아발란체(Avalanche), 아스타(Astar) 등 다양한 블록체인 네트워크를 지원하며 접근성과 활용성을 높이고 있다. 이는 탈중앙화 거래소(DEX)에서의 구매를 용이하게 한다.

- 스마트 계약

JPYC의 발행 및 유통은 스마트 계약을 통해 이뤄지며, 이는 보안성과 신뢰성을 보장하기 위해 감사(audit)를 거쳤다. UUPS 프록시 패턴과 같은 고급 기능을 통합하여 시스템의 유연성을 확보하고 있다.

규제 준수 및 법적 지위

- 일본 자금결제법 준수

JPYC 코퍼레이션은 일본의 자금결제법을 준수하여 JPYC를 발행하고 운영하고 있다. 특히 2022년에 개정된 일본의 자금결제법에서 스테이블코인의 법적 지위가 '전자결제수단'으로 명확히 규정되면서, JPYC와 같은 법정화폐 담보형 스테이블코인이 더욱 안정적인 기반 위에서 운영될 수 있게 되었다.

- 선불 결제 수단 분류

JPYC는 일본에서 법적으로 '선불식 지급 수단(Prepaid Payment Instruments)'으로 분류된다. 이는 아마존 등 일부 온라인 상점에서 선불 기프트 카드처럼 사용될 수 있음을 의미한다. 이러한 분류는 규제 당국의 승인을 받으면서도 시장에 빠르게 진입하는 데 도움이 되었다.

- 투명성 노력

규제 준수를 위해 발행사는 적절한 준비금을 유지하고 투명한 보고서를 제시해야 한다.

활용처 및 에코시스템

- 디지털 결제

온라인 쇼핑, 서비스 구매 등 다양한 디지털 결제에 활용될 수 있다.

- DeFi (탈중앙화 금융)

Uniswap, Quickswap, Curve 등 탈중앙화 거래소(DEX)에서 거래되며, 유동성 공급 등을 통해 DeFi 생태계에 참여할 수 있다.

- 선불 카드

실제 결제를 위한 비자 선불 카드 등과 연동하여 오프라인 사용처를 확장하려는 노력도 있다.

- 파트너십

타란자카 세무 법인, YGG(Yield Gaming Games) 재팬 등 다양한 기업들과 업무 협약을 맺고 사용처를 넓히고 있다.

- RWA (실물 연계 자산) 사업

일본 IT 서비스 기업 아이티센 등과 협력하여, JPYC의 규제 대응 노하우와 블록체인 기술을 실물 연계 자산(RWA) 사업과 융합하려는 시도도 있다.

시장 내 위상 및 전망

JPYC는 거대 금융기관이 아닌 핀테크 스타트업이 발행한 스테이블코인임에도 불구하고, 일본의 선제적인 스테이블코인 법안 개정 이전부터 시장에 진입하여 괄목할 만한 성장을 거뒀다. 일본 금융청(FSA)이 웹3 산업 육성에 적극적이고, 스테이블코인을 차세대 금융 인프라로 보고 있기 때문에, JPYC는 일본 내 디지털 경제 활성화에 중요한 역할을 할 것으로 기대된다. 특히 전통 금융권에서 프라이빗 블록체인 기반의 스테이블코인 발행 가능성이 높은 가운데, 퍼블릭 체인에서 발행되면서도 규제를 준수하는 JPYC의 모델은 일본이 국제 스테이블코인 시장에서 '갈라파고스화'를 방지하는데 기여할 수 있다는 평가를 받는다.

두바이 가상자산규제청(VARA)

두바이의 개방 정책

—

아랍에미리트(UAE)의 두바이는 중동 지역의 금융 및 기술 허브를 목표로 하며, 암호화폐와 블록체인 기술에 대해 매우 적극적이고 개방적인 정책을 펼치고 있다. 이는 '미래 경제'를 선점하려는 강력한 의지의 발현이다.

• 암호화폐 친화적 규제 기관 설립

두바이는 2022년 가상자산규제청(VARA)을 설립하여 암호화폐 관련 사업자들에게 라이선스를 부여하고 규제 프레임워크를 제공하고 있다. 이는 기업들이 명확한 가이드라인 아래 사업을 영위할 수 있도록 하여 안정적인 시장 환경을 조성한다.

- **자유 구역 내 암호화폐 허용**

두바이 국제금융센터(DIFC)와 같은 자유 구역에서는 암호화폐 관련 기업 유치를 위해 파격적인 인센티브와 규제 완화를 제공한다. 이미 DAMAC Properties와 같은 대형 부동산 개발사들이 비트코인, 이더리움 결제를 허용하며 실질적인 거래가 이루어지고 있다.

- **국제적 암호화폐 허브 목표**

두바이는 암호화폐 기업과 투자자들에게 매력적인 환경을 제공함으로써, 글로벌 암호화폐 허브로서의 입지를 공고히 하려 한다. 이러한 정책은 부동산 시장에도 영향을 미쳐, 해외 투자자들이 암호화폐로 두바이 부동산에 투자하는 것을 더욱 용이하게 만든다.

두바이 스테이블코인 관련

두바이는 아랍에미리트(UAE)의 핵심 토후국으로서, 암호화폐와 블록체인 기술을 적극적으로 수용하고 규제 프레임워크를 마련하여 글로벌 가상자산 허브로 자리매김하고 있다. 이러한 정책 기조 아래 스테이블코인의 사용 또한 활발하게 논의되고 있으며, 특정 조건 하에 사용이 확대될 것으로 보인다.

두바이의 암호화폐 및 스테이블코인 규제 환경

- 스테이블코인 규제

두바이의 금융당국은 스테이블코인의 중요성을 인지하고 있으며, 2025년부터는 USDC, EURC와 같은 주요 스테이블코인에 대한 사용을 승인하고 있다. 이는 스테이블코인이 단순한 투자 자산을 넘어 실질적인 결제 및 금융 서비스 수단으로 활용될 수 있도록 하는 기반이 된다.

- 투명하고 명확한 규제

VARA는 기업 운영의 안정성을 보장하고 규제 리스크를 최소화하여 글로벌 투자 유치를 용이하게 한다. 이는 스테이블코인 발행 및 활용 기업들에게 매력적인 환경을 제공한다.

두바이 내 스테이블코인 사용 동향 및 부동산 연계 가능성

두바이의 적극적인 암호화폐 수용 정책은 스테이블코인의 사용을 여러 분야로 확장하고 있다.

- **부동산 토큰화 플랫폼**

두바이에서는 이미 부동산 토큰화 플랫폼이 운영되고 있다. 예를 들어, 리플렛저(XRPL)를 기반으로 운영되는 플랫폼에서는 최소 2000 디르함(약 75만 원)의 비용으로 현지 화폐로 부동산 조각 투자를 할 수 있다. 이러한 플랫폼은 궁극적으로 스테이블코인과의 연계를 통해 투자 및 거래의 유연성을 높일 것으로 예상된다.

- **개발사의 직접 암호화폐 결제 허용**

일부 부동산 개발사들은 비트코인 등 주요 암호화폐 결제를 허용하는 사례가 있다. 스테이블코인은 암호화폐의 변동성을 줄여주므로, 이러한 직접 결제 방식에서 더 선호되는 수단이 될 수 있다.

- **다양한 산업 분야의 디지털 전환**

두바이 세관의 블록체인 플랫폼 개발 등 정부 차원의 블록체인 및 가상자산 활성화 정책은 스테이블코인이 무역, 물류, 금융 서비스 등 다양한 분야에서 결제 및 송금 수단으로 활용될 가능성을 열어준다.

미래 전망

두바이는 명확한 규제와 적극적인 지원 정책을 통해 암호화폐 및 스테이블코인 산업의 성장을 촉진하고 있다. 스테이블코인은 두바이가 글로벌 금융 및 무역 허브로서의 입지를 더욱 공고히 하는 데 중요한 역할을 할 것으로 보인다.

- 결제 시스템 혁신

스테이블코인은 빠르고 저렴한 국경 간 결제를 가능하게 하여, 특히 국제 비즈니스와 부동산 거래가 활발한 두바이의 특성에 매우 적합하다.

- DeFi 및 RWA (실물 연계 자산) 확장

스테이블코인은 탈중앙화 금융(DeFi) 생태계의 핵심 요소이며, 부동산과 같은 실물 자산을 토큰화(RWA)하는 데 중요한 매개체가 된다. 두바이는 이 분야에서도 선도적인 역할을 하고자 한다.

- CBDC와의 연계

아랍에미리트 중앙은행도 자체 CBDC 발행을 검토하고 있으며, 이는 민간 발행 스테이블코인과의 상호 운용성을 통해 디지털 결제 인프라를 더욱 강화할 수 있다.

결론적으로, 두바이는 스테이블코인의 사용에 매우 개방적이고 적극적이다. 명확한 규제 프레임워크와 기술 도입을 위한 노력을 통해 스테이블코인이 부동산을 포함한 다양한 실물 경제 영역에서 중요한 결제 및 투자 수단으로 자리매김할 가능성이 매우 높다.

스테이블코인 입법 현황과 제도권 진입

위에서 살펴본 국가들의 사례에서 볼 수 있듯이, 스테이블코인은 단순한 디지털 자산을 넘어 제도권 금융 시스템으로 진입하려는 강력한 흐름 속에 있다.

입법의 목표

각국 정부와 규제 당국이 스테이블코인에 대한 입법을 추진하는 주요 목표는 다음과 같다.

금융 안정성 확보

스테이블코인이 통화 시스템에 미칠 수 있는 잠재적 위험(준비금 부족, 뱅크런 등)을 관리하고 금융 시스템의 안정성을 유지한다.

소비자 및 투자자 보호

발행사의 투명성을 의무화하고, 적절한 준비금 관리를 통해 사용자 자산을 보호한다.

자금세탁 및 테러 자금 조달 방지

스테이블코인을 통한 불법 자금 흐름을 막기 위한 규제 프레임워크를 마련한다.

혁신 유도

과도한 규제가 아닌, 건전한 혁신을 장려할 수 있는 균형 잡힌 규제를 통해 산업 발전을 유도한다.

제도권 진입의 의미

스테이블코인이 법적 지위를 얻고 규제 감독 하에 놓인다는 것은 곧 이들이 은행 예금, 전자 화폐와 동등하거나 유사한 지위를 갖게 된다는 의미다. 이는 스테이블코인이 기존 금융 인프라와 통합되고, 결제 수단으로서의 신뢰도를 확보하여 대규모 상업 거래, 특히 부동산 거래에 더욱 널리 활용될 수 있는 기반을 마련한다.

결론적으로, 국가들이 코인, 특히 스테이블코인을 받아들이기 시작한 것은 더 이상 선택의 문제가 아니라, 디지털 경제 시대의 흐름을 읽고 미래 금융 주도권을 확보하기 위한 전략적 선택으로 해석할 수 있다. 이러한 제도적 변화는 『코인으로 사는 집』이 더 이상 꿈이 아닌 현실이 되는 강력한 촉매제가 될 것이다.

6장

CBDC와 부동산:
중앙은행 디지털화폐의 실무 가능성

- 디지털 달러·유로·위안, 부동산 시장에 미칠 영향
- 외환 규제, 자금 추적, 세금 자동화의 미래

스테이블코인이 민간에서 발행되는 디지털 화폐라면, 중앙은행 디지털 화폐(CBDC: Central Bank Digital Currency)는 각국 중앙은행이 직접 발행하는 법정화폐의 디지털 버전이다. 이는 기존의 현금이나 은행 예금과는 다른 새로운 형태의 화폐로, 블록체인 또는 유사한 분산원장기술(DLT)을 기반으로 한다. 전 세계 수많은 중앙은행들이 CBDC 발행을 적극적으로 연구, 개발 또는 시범 운영하고 있으며, 이는 부동산 시장을 포함한 경제 전반에 혁명적인 변화를 가져올 잠재력을 지니고 있다.

디지털 달러·유로·위안, 부동산 시장에 미칠 영향

주요 경제 강국들이 CBDC를 도입할 경우, 이는 부동산 시장의 거래 방식, 자금 흐름, 그리고 심지어 소유권 개념까지 근본적으로 변화시킬 수 있다.

디지털 달러 (미국)

영향

미국이 디지털 달러를 발행하게 되면, 전 세계 기축통화로서의 달러의 지위가 더욱 공고해질 수 있다. 부동산 시장에서는 특히 국제적인 거래에서 혁신을 가져올 것이다. 현재 달러를 이용한 해외 부동산 투자는 은행 시스템을 통한 복잡하고 느린 송금 과정을 거친다. 디지털 달러는 이러한 과정을 단축하고 비용을 절감하여, 해외 투자자들이 미국 부동산을 구매하거나 미국인이 해외 부동산에 투자하는 것을 훨씬 용이하게 만들 수 있다. 또한, 디지털 달러는 강력한 보안과 추적성을 제공하여 부동산 거래의 투명성을 극대화할 것이다.

실무 가능성

디지털 달러는 부동산 매매 계약금, 잔금 결제는 물론, 주택 담보 대출의 상환, 월세 지불 등 다양한 금융 거래에 활용될 수 있다. 특히 프로그래밍 가능한 화폐로서, 특정 조건(예: 등기 완료 시점)이 충족될 때만 자동으로 대금이 지급되도록 스마트 계약과 연동될 가능성이 높다.

참고

트럼프 대통령은 중앙은행 디지털 화폐(CBDC)에 대해 부정적인 입장을 표명했다. 그는 CBDC가 정부의 국민 금융 거래 통제를 강화하고 개인정보를 유출할 수 있다고 우려했다. 미국 정부가 CBDC 발행을 고려하지 않는 것은 트럼프 대통령의 이러한 반대 입장이 주요 요인 중 하나였다.[13]

13) https://zdnet.co.kr/view/?no=20250121074633#:~:text

디지털 유로 (유럽)

영향

유럽중앙은행(ECB)이 디지털 유로 발행을 추진하고 있으며, 이는 유로존 내 국경 간 거래를 간소화하고, 현금 사용 감소에 따른 디지털 결제 수요를 충족시키려는 목적을 가진다. 부동산 시장에서는 유로존 내 국가 간 부동산 거래의 효율성을 크게 높일 것이다. 예를 들어, 독일인이 스페인에 부동산을 구매할 때, 현재는 은행 시스템을 통한 국제 송금 절차를 거쳐야 하지만, 디지털 유로가 도입되면 실시간으로 안전하게 자금을 이전할 수 있게 된다.

실무 가능성

디지털 유로는 개인 간의 부동산 거래뿐만 아니라, 부동산 프로젝트 파이낸싱(PF) 등 기업 간 대규모 거래에서도 활용될 수 있다. 특히 오프라인 결제 기능을 강화할 경우, 인터넷 연결이 불안정한 상황에서도 CBDC를 통해 부동산 계약금을 지급하는 등의 시나리오도 가능해진다.

디지털 위안 (중국)

영향

중국은 디지털 위안(e-CNY) 도입에 가장 적극적인 국가 중 하나로, 이미 대규모 시범 사업을 진행하고 있다. 디지털 위안은 중국 내 결제 시스템의 효율성을 높이고, 궁극적으로는 국제 무역 및 투자에서 위안화의 위상을 강화하려는 전략적 목적을 가진다. 부동산 시장에서는 내부적인 자금 흐름 통제와 투명성 강화에 크게 기여할 것이다. 정부가 자금 출처와 흐름을 더욱 명확하게 파악할 수 있게 되어, 부동산 투기를 억제하고 자금 세탁을 방지하는 데 활용될 수 있다.

실무 가능성

중국은 이미 디지털 위안을 통한 주택 구매, 임대료 납부 등의 시범 사례를 보여주고 있다. 특히 중앙은행의 통제력이 강한 만큼, 디지털 위안은 부동산 거래 시 특정 용도(예: 주택 구매)로만 사용을 제한하거나, 특정 기간 동안 자금의 이동을 추적하는 등의 프로그래밍 가능 화폐로서의 기능을 적극적으로 활용할 가능성이 높다.

외환 규제, 자금 추적, 세금 자동화의 미래

CBDC의 도입은 기존의 외환 규제, 자금 추적 방식, 그리고 세금 징수 시스템에 근본적인 변화를 가져올 것이다.

외환 규제 변화

- 국경 없는 거래 촉진

CBDC는 국경 간 결제를 거의 실시간으로, 그리고 저렴한 비용으로 가능하게 한다. 이는 기존의 복잡하고 느린 국제 송금 시스템을 대체하여 외환 거래의 효율성을 극대화한다.

자본 통제 가능성

한편으로는 각국 중앙은행이 자국 CBDC의 국제적 유통을 어느 정도로 허용하느냐에 따라 외환 규제의 양상이 달라질 수 있다. 예를 들어, 자국 통화의 급격한 유출을 막기 위해 비거주자의 CBDC 보유량이나 거래량을 제한하는 정책을 펼 수도 있다. 하지만 동시에 CBDC의 프로그램 가능한 특성을 활용하여 특정 조건 하에 해외 자금 유입을 유도하는 유연한 외환 정책도 가능해진다.

환율 시장 영향

CBDC의 국제적 통용이 확대될 경우, 이는 기존 환율 시장의 역학 관계에도 영향을 미칠 수 있다. 특정 CBDC의 유동성과 활용성이 높아지면 해당 통화의 국제적 위상이 강화될 수도 있다.

자금 추적 강화

- 투명성 극대화

CBDC는 모든 거래 기록이 중앙은행 또는 허가된 기관의 원장에 기록되므로, 자금의 흐름을 처음부터 끝까지 추적하는 것이 훨씬 용이해진다. 이는 특히 부동산 시장에서 자금세탁, 비자금 조성, 불법 증여 등 음성적인 거래를 막는 데 강력한 도구가 될 것이다.

- 프라이버시 논란

물론 이러한 강력한 추적 기능은 개인의 금융 프라이버시 침해 논란을 야기할 수 있다. 각국은 익명성 수준을 어느 정도로 보장할 것인지에 대한 사회적 합의와 기술적 해결책을 모색해야 할 것이다. 예를 들어, 소액 거래에 대해서는 익명성을 보장하고, 고액 거래에 대해서만 추적을 허용하는 하이브리드 모델이 논의되고 있다.

세금 자동화의 미래

- **실시간 세금 징수 가능성**

CBDC의 프로그래밍 가능한 특성과 자금 추적 기능은 세금 징수 방식에 혁명적인 변화를 가져올 수 있다. 예를 들어, 부동산 거래 시 취득세나 양도소득세가 스마트 계약에 의해 자동으로 계산되어 국가 계좌로 직접 납부되도록 설계할 수 있다.

- **탈세 방지 효과**

모든 거래 기록이 투명하게 남고 자동화된 세금 징수 시스템이 도입되면, 부동산 거래에서 발생하는 탈세가 극히 어려워질 것이다. 이는 세수 증대뿐만 아니라 조세 정의 실현에도 기여할 수 있다.

- **맞춤형 정책 구현**

정부는 CBDC를 통해 특정 조건(예: 첫 주택 구매 시)에 따라 세금 감면을 자동으로 적용하거나, 투기 방지를 위해 단기 거래에 더 높은 세금을 부과하는 등 맞춤형 세금 정책을 실시간으로 구현할 수 있게 된다.

CBDC는 단순한 디지털 화폐를 넘어, 국가의 통화 주권, 금융 안정성, 그리고 국민 경제 전반에 지대한 영향을 미칠 수 있는 인프라다. 부동산 시장에서도 CBDC는 거래의 투명성, 효율성, 그리고 정책적 통제 가능성을 비약적으로 높여 '코인으로 집을 사는' 미래를 더욱 안전하고 제도적인 기반 위에서 구현할 것이다.

PART
3

미래 부동산 실무, 어떻게 바뀌는가?

7장

거래 속도, 비용, 신뢰: 코인 부동산의 3대 장점

- 중개인 없이도 가능한 미래
- 실무자용 코인 계약 프로세스 예시

부동산 시장은 인류의 역사와 함께해 온 가장 오래된 자산 시장 중 하나다. 하지만 그 오랜 역사만큼이나 관습화된 절차와 높은 진입 장벽으로 인해 비효율성이 상존했다. 블록체인과 암호화폐, 특히 스테이블코인으로 대변되는 '코인 부동산'의 등장은 이러한 비효율성을 근본적으로 해결하며, 부동산 거래의 속도, 비용, 신뢰라는 세 가지 핵심 가치를 혁신적으로 개선하고 있다. 이는 단순한 기술적 진보를 넘어, 미래 부동산 실무의 패러다임을 바꿀 핵심 동력이 될 것이다.

중개인 없이도 가능한 미래

현재 부동산 거래는 복잡한 법률 및 행정 절차, 그리고 매도인과 매수인 간의 신뢰 문제 때문에 중개인, 법무사, 에스크로 업체 등 다양한 중개 기관의 개입이 필수적이다. 이들은 신뢰를 보장하고 절차를 대행하는 대가로 상당한 수수료를 받는다. 하지만 코인 부동산 시대에는 이들의 역할이 크게 달라지거나, 일부는 블록체인 기반의 자동화된 시스템으로 대체될 수 있다.

블록체인이 제공하는 분산원장기술(DLT)과 스마트 계약은 중개자가 수행하던 신뢰 검증, 서류 작업, 대금 정산 등의 기능을 코드로 자동화하고 투명하게 기록한다.

신뢰의 분산화

블록체인은 중앙 집중적인 중개자가 아닌, 네트워크 참여자들이 공유하고 검증하는 분산된 원장을 통해 신뢰를 형성한다. 모든 거래 기록은 불변하고 투명하게 공개되므로, 계약 당사자들은 시스템 자체를 신뢰할 수 있게 된다.

자동화된 계약 이행

스마트 계약은 '만약 ~이라면, ~한다'는 조건에 따라 자동적으로 계약을 이행한다. 예를 들어, 매수자가 스테이블코인을 송금하면, 미리 프로그래밍된 스마트 계약이 자동으로 부동산 소유권 토큰을 매수자에게 이전한다. 이 과정에 사람의 개입이나 추가적인 확인 절차가 필요 없다.

탈중개화 가능성

이러한 기술적 특징은 이론적으로 부동산 중개인, 공증인, 에스크로 업체 등 일부 중개 기관의 필요성을 감소시킬 수 있다. 특히 표준화되고 정형화된 거래의 경우, 블록체인 기반 플랫폼을 통해 당사자 간 직접 거래(P2P)가 가능해지면서 중개 수수료를 절감할 수 있게 된다.

물론 복잡한 법적 문제나 비정형적 거래, 혹은 개인적인 맞춤형 서비스에 대한 수요는 여전히 존재할 것이므로, 중개인의 역할이 완전히 사라지기보다는 정보 제공자, 자문가, 리스크 관리자 등으로 변화할 것이다. 특히 법률 및 세금 관련 전문가의 역할은 더욱 중요해질 수 있다.

실무자용 코인 계약 프로세스 예시

코인 기반 부동산 매매는 기존 절차와 유사한 단계를 거치지만, 각 단계에서 블록체인 기술이 어떻게 적용되는지 살펴보자.

예시 시나리오: 김민준(매수자) 씨가 이수진(매도자) 씨의 아파트를 USDC로 구매하는 경우

매매 협상 및 조건 합의 (온/오프라인)

- 현재

김민준 씨와 이수진 씨는 부동산 중개인을 통해 만나 아파트 가격, 잔금일 등을 협상한다.

- 코인 부동산

김민준 씨와 이수진 씨는 블록체인 기반의 부동산 플랫폼(예: Propy)을 통해 매물 정보를 확인하고, 플랫폼 내에서 가격(예: 50만 USDC), 결제 시점, 기타 조건을 합의한다. 필요시 플랫폼 연계된 법률 자문가의 도움을 받을 수 있다. USDC와 같은 스테이블코인은 달러 가치에 고정되어 있으므로 환율 변동성은 거의 고려하지 않아도 된다.

디지털 신원 인증 및 KYC/AML (블록체인 기반)

- 현재

김민준 씨와 이수진 씨는 신분증 사본을 제출하고, 은행 계좌 확인 및 대면을 통해 신원을 확인한다.

- 코인 부동산

양측은 블록체인 기반 분산 신원(DID) 시스템을 통해 자신의 디지털 신원을 인증한다. 이 과정에서 플랫폼은 KYC(고객 알기) 및 AML(자금세탁 방지) 규제를 준수하기 위해 블록체인상의 거래 이력을 분석하고, 필요시 추가적인 신원 확인 절차(예: 생체 인증)를 거친다. 이 모든 과정은 암호화되어 안전하게 처리된다.

스마트 계약 작성 및 배포 (블록체인)

- 현재

공인중개사나 법무사가 매매 계약서를 작성하고, 양측이 서명한다.

- 코인 부동산

합의된 매매 조건을 바탕으로 스마트 계약이 코드로 작성된다. 이 스마트 계약은 다음과 같은 조건을 포함할 수 있다.

"매수자(김민준)가 X월 Y일까지 50만 USDC를 에스크로 주소로 송금하면, 매도자(이수진)의 아파트 소유권 NFT가 김민준의 지갑으로 자동 이전된다."

"만약 지정된 날짜까지 USDC가 송금되지 않으면, 계약은 자동으로 파기되며, 송금된 보증금은 매도자에게 귀속(또는 반환)된다."

이 스마트 계약은 이더리움과 같은 퍼블릭 블록체인에 배포되어 누구나 내용을 확인할 수 있지만, 오직 계약 당사자만이 실행할 수 있다.

코인 에스크로 및 대금 결제 (스마트 계약 자동화)

- 현재

매수자가 은행을 통해 잔금을 송금하고, 법무사가 등기 이전을 진행한다. 이 과정은 며칠이 소요될 수 있다.

- 코인 부동산

김민준 씨는 자신의 암호화폐 지갑에서 50만 USDC를 스마트 계약에 연결된 에스크로 주소로 송금한다. USDC가 에스크로 주소에 입금되는 순간, 스마트 계약은 이를 감지하고 계약 조건을 만족하는지 확인한다. 확인이 완료되면, 스마트 계약은 사전에 연결된 이수진 씨의 아파트 소유권 NFT를 김민준 씨의 지갑으로 자동으로 이전시킨다. 이 모든 과정은 블록체인 상에서 실시간으로 이뤄지며, 단 몇 분에서 몇 시간이면 완료된다.

소유권 확정 및 등기 (블록체인 + 법적 연동)

- 현재

법무사가 등기소에 소유권 이전 등기를 신청하고, 최종 등기부 등본에 매수인 명의가 올라가야 소유권이 확정된다.

- 코인 부동산

소유권 NFT가 김민준 씨의 지갑으로 이전되는 순간, 블록체인 상에서는 김민준 씨가 아파트의 소유자임이 명확히 기록된다. 만약 국가가 블록체인 기반의 디지털 등기 시스템을 도입했다면, 이 기록 자체가 법적 효력을 가진다. 아직 그렇지 않다면, 블록체인 기록을 바탕으로 법무사(또는 블록체인 플랫폼이 연계된 서비스)가 관할 등기소에 소유권 이전을 위한 보조적인 법적 등기 절차를 진행한다. 이 경우에도 블록체인 기록이 강력한 증거가 되어 절차를 간소화하고 오류를 줄일 수 있다.

세금 처리 (자동화 또는 간소화)

- 현재

세금 신고 및 납부는 별도의 절차를 통해 이뤄지며, 복잡한 계산과 서류 작업이 필요하다.

- 코인 부동산

CBDC와 연동되거나, 또는 관련 법률이 정비된다면, 부동산 거래에 따른 취득세, 양도소득세 등이 스마트 계약에 의해 자동으로 계산되어 국세청 계좌로 바로 송금될 수 있다. 이는 탈세를 원천적으로 방지하고, 납세 과정을 혁신적으로 간소화할 것이다.

　이러한 코인 기반 매매 프로세스는 거래의 효율성을 극대화하고, 인간의 실수나 악의적인 개입 가능성을 줄여 부동산 시장에 전례 없는 투명성과 신뢰를 가져올 것이다. 미래의 부동산 실무자는 블록체인 기술과 스마트 계약에 대한 이해가 필수적이며, 단순한 중개를 넘어 디지털 자산 전문가로서의 역량을 요구받게 될 것이다.

8장

NFT 부동산과 메타버스의 연결고리

- 디지털 소유권 → 실제 부동산의 디지털 트윈까지
- 미래의 임대계약과 가상 자산의 연결

우리가 아는 부동산은 물리적인 땅과 건물이다. 하지만 디지털 세상에서는 현실과 가상, 그리고 그 경계가 모호해지면서 NFT(Non-Fungible Token; 대체 불가능 토큰)가 부동산의 새로운 지평을 열고 있다. NFT는 고유성과 희소성을 가지는 디지털 자산의 소유권을 블록체인에 기록하는 기술이며, 이는 단순한 그림이나 영상 파일을 넘어 부동산의 디지털 소유권을 표현하는 데까지 확장되고 있다. 더 나아가, 이 NFT 부동산은 메타버스(Metaverse)라는 가상세계와 긴밀하게 연결되며 미래의 부동산 시장에 대한 상상력을 무한히 확장시키고 있다.

디지털 소유권 → 실제 부동산의 디지털 트윈까지

NFT가 부동산 시장에 가져오는 가장 혁신적인 변화는 바로 디지털 소유권의 개념 도입이다.

디지털 소유권의 탄생

기존에는 부동산 소유권이 등기부등본과 같은 물리적 문서나 중앙화된 데이터베이스에 기록되었다. 하지만 NFT는 특정 부동산에 대한 소유권을 블록체인상의 고유한 토큰 형태로 발행하여, 이 토큰을 소유하는 것이 곧 해당 부동산의 디지털 소유권을 가지는 것으로 간주될 수 있다. 이 NFT는 위변조가 불가능하고 소유권 이력이 투명하게 기록되므로, 소유권 증명과 이전 과정이 훨씬 간편하고 안전해진다.

> **예시**
>
> 2021년, 미국에서 Propy와 같은 블록체인 부동산 플랫폼이 실제 아파트 소유권을 NFT로 발행하여 거래하는 사례가 등장했다. 구매자는 아파트의 NFT를 구매함으로써 해당 아파트의 실제 소유권을 획득하게 된다. 이 NFT는 블록체인에 영구히 기록되어 아파트의 소유자가 누구인지, 언제 소유권이 이전되었는지 등을 명확하게 보여준다. 이는 기존의 복잡한 등기 절차를 크게 간소화하고, 해외 투자자들도 쉽게 미국 부동산에 투자할 수 있는 길을 열어주었다.[14]

실제 부동산의 디지털 트윈

NFT의 개념은 단순히 소유권 증명을 넘어, 실제 부동산의 '디지털 트윈(Digital Twin)'을 만드는 단계로 발전하고 있다. 디지털 트윈은 물리적 자산의 가상 복제본으로, 실시간 데이터를 통해 물리적 자산의 상태와 성능을 반영하고 예측할 수 있게 한다.

---

14) https://startuprecipe.co.kr/archives/5679500

> **예시**

만약 당신이 소유한 강남 아파트의 '디지털 트윈 NFT'를 가지고 있다고 상상해 보라. 이 NFT는 단순히 아파트의 소유권을 나타내는 것을 넘어, 아파트의 설계 도면, 건축 재료 정보, 에너지 사용량, 유지보수 이력, 심지어 IoT 센서를 통해 수집된 실시간 온도, 습도, 공기 질 데이터까지 연결될 수 있다. 이 디지털 트윈 NFT를 통해 당신은 언제든 아파트의 모든 정보를 확인하고, 원격으로 관리할 수 있다. 예를 들어, 메타버스 공간에서 자신의 아파트 디지털 트윈을 방문하여 내부를 둘러보고, 에너지 효율을 시뮬레이션하거나, 미래 리모델링을 미리 체험해 볼 수도 있다. 이는 부동산 관리와 투자의 새로운 차원을 열어준다.

미래의 임대 계약과 가상 자산의 연결

NFT와 메타버스는 미래의 임대 계약 방식 또한 혁신할 잠재력을 가지고 있다. '실제 부동산'과 '가상 자산'의 연결은 새로운 형태의 임대 비즈니스 모델을 창출할 것이다.

NFT 기반 임대 계약

- **자동화된 임대료 결제**

스마트 계약을 통해 임대료를 스테이블코인으로 자동 결제하도록 설정할 수 있다. 임차인이 매달 특정일에 스테이블코인을 지불하면, 스마트 계약은 이를 감지하여 임대인에게 자동으로 전달하고, 임대 계약 NFT의 유효 기간을 업데이트하는 식이다.

- **조건부 계약 이행**

계약 위반 시 자동 벌금 부과, 보증금 조건부 반환, 계약 종료 시 자동 해지 등 복잡한 임대 조건을 코드로 명확하게 정의하고 자동화할 수 있다. 이는 임대인과 임차인 모두에게 투명성과 예측 가능성을 제공한다.

- **임차권의 토큰화**

미래에는 임차권 자체도 NFT로 발행될 수 있다. 임차인은 자신의 임차권 NFT를 소유하며, 이는 블록체인에 기록되어 임대 계약의 존재와 조건을 명확하게 증명한다. 필요시 이 임차권 NFT를 다른 사람에게 양도하는 것도 가능해질 수 있다.

가상 자산(메타버스 랜드)과의 연결

- 가상 공간 내 부동산 활동

디센트럴랜드(Decentraland)나 샌드박스(The Sandbox)와 같은 메타버스 플랫폼에서는 이미 가상 토지(LAND)를 NFT 형태로 구매하고, 그 위에 건물을 짓거나 상업 활동을 벌이는 것이 일반화되어 있다. 이는 현실 세계의 부동산처럼 임대, 개발, 판매가 가능하다.

- 현실 부동산과 메타버스 부동산의 연계

흥미로운 점은 현실 부동산과 메타버스 부동산이 연결될 수 있다는 가능성이다. 예를 들어, 실제 상업 건물 소유자가 자신의 건물에 대한 NFT를 발행하고, 동시에 메타버스 내에서 해당 건물의 디지털 트윈을 만들어 가상 매장을 운영할 수 있다. 이 가상 매장에서 발생한 수익의 일부를 실제 건물 NFT 소유자에게 분배하거나, 실제 건물을 구매한 사람에게 메타버스 내 해당 토지를 제공하는 등 다양한 시너지가 창출될 수 있다.

- 하이브리드 임대 모델

미래에는 실제 사무실 공간을 임대하면서, 동시에 해당 사무실의 메타버스 디지털 트윈을 활용할 수 있는 권리까지 함께 임대하는 '하이브리드 임대 계약'이 등장할 수도 있다. 기업은 물리적 공간과 가상 공간을 동시에 활용하여 비즈니스를 확장하고, 직원들은 메타버스 사무실에서 원격으로 협업하며 실제 사무실의 리소스를 디지털로 활용할 수 있게 된다.

NFT 부동산과 메타버스의 연결은 단순히 기술적인 실험을 넘어, 부동산의 소유, 관리, 거래, 그리고 활용 방식에 대한 우리의 인식을 근본적으로 바꾸고 있다. 이는 부동산 시장의 유동성을 높이고, 새로운 투자 기회를 창출하며, 궁극적으로는 현실과 가상의 경계를 넘나드는 새로운 삶의 방식을 제공할 것이다.

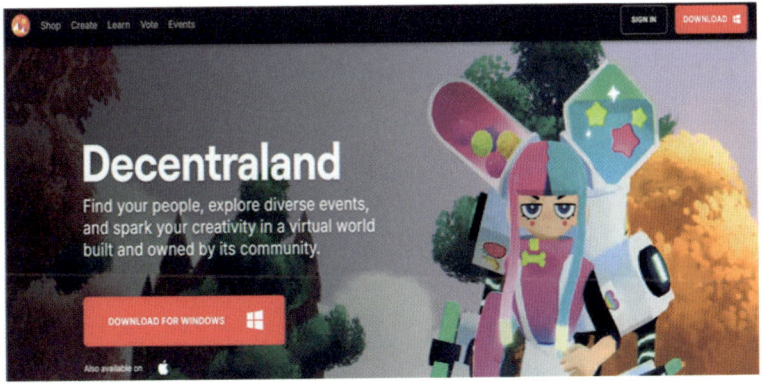

9장

글로벌 부동산 투자, 장벽이 사라진다

- 국경 없는 투자시대 : 디지털 자산의 힘
- 외화 송금, 자산 이전, 투자 관리 자동화의 흐름

과거 글로벌 부동산 투자는 소수의 부유층이나 대형 기관 투자자들만의 전유물이었다. 복잡한 국제 송금 절차, 높은 환전 수수료, 각국의 상이한 법률 및 세금 규제, 그리고 정보의 비대칭성 등 수많은 장벽이 개인 투자자들의 해외 부동산 시장 진입을 가로막았다. 하지만 블록체인과 암호화폐 기술, 특히 스테이블코인의 발달은 이러한 장벽을 허물고 '국경 없는 투자 시대'를 열고 있다. 이제 지구 반대편의 부동산에도 클릭 몇 번으로 투자할 수 있는 미래가 현실이 되고 있다.

국경 없는 투자 시대: 디지털 자산의 힘

블록체인 기술은 부동산 투자에 있어 다음과 같은 방식으로 국경의 장벽을 허물고 있다.

즉각적인 소유권 이전

블록체인 기반의 부동산 토큰화(Real Estate Tokenization)는 부동산 소유권을 디지털 토큰 형태로 발행하여, 마치 주식을 사고 팔듯이 소유권을 즉각적으로 이전할 수 있게 한다. 이는 물리적인 등기 절차에 얽매이지 않고, 국경을 넘어 빠르고 투명한 소유권 변경을 가능하게 한다.

부분 소유권 (Fractional Ownership)

고가의 해외 부동산을 통째로 구매하는 것은 대부분의 개인 투자자에게 부담스러운 일이다. 하지만 블록체인 기술을 활용하면 하나의 부동산을 여러 개의 디지털 토큰으로 쪼개어 발행하고, 이를 통해 소액으로도 부분 소유권을 구매할 수 있다. 이는 부동산 투자의 최소 투자 단위를 혁신적으로 낮춰, 더 많은 사람이 해외 부동산에 투자할 수 있는 기회를 제공한다.

> **예시**
>
> 미국 뉴욕 맨해튼의 고가 빌딩 한 채가 1,000만 달러 상당의 100만 개 토큰(각 10달러)으로 토큰화되었다고 상상해 보라. 한국에 있는 투자자는 단돈 10달러로 맨해튼 빌딩의 소액 지분을 소유할 수 있게 된다. 이 토큰은 블록체인 거래소에서 24시간 거래 가능하므로, 투자자는 언제든 자신의 지분을 유동화하여 현금화할 수 있다.

정보의 투명성 및 접근성

블록체인은 모든 거래 기록을 분산 원장에 투명하고 불변하게 기록한다. 이는 해외 부동산의 과거 거래 이력, 소유권 정보, 임대 수익 기록 등을 투명하게 확인하고 검증할 수 있게 하여, 정보 비대칭성을 줄이고 투자 결정의 신뢰도를 높인다.

통화 장벽 해소

스테이블코인(USDC, USDT 등)은 특정 법정화폐(주로 미국 달러)와 1:1 가치를 유지하므로, 복잡한 환전 절차 없이 암호화폐를 통해 직접적으로 해외 부동산을 구매할 수 있게 한다. 이는 환전 수수료와 환율 변동성 위험을 줄여준다.

외화 송금, 자산 이전, 투자 관리 자동화의 흐름

―

글로벌 부동산 투자가 디지털 자산을 통해 더욱 쉽고 효율적으로 이뤄지면서, 외화 송금, 자산 이전, 투자 관리 방식 또한 혁신적으로 자동화되는 흐름을 보이고 있다.

외화 송금의 혁명:
'은행 송금'에서 '코인 전송'으로

- 기존 방식

해외 부동산 구매 시, 수천만 원에서 수억 원에 달하는 대금을 은행을 통해 해외로 송금해야 한다. 이 과정은 은행 업무 시간에만 가능하며, SWIFT 코드 입력, 중개 은행 수수료, 환전 수수료, 그리고 길게는 며칠이 소요되는 처리 시간 등 여러 제약이 따른다. 또한, 각국의 외환 규제에 따라 송금 한도가 제한될 수도 있다.

- 코인 기반 방식

스테이블코인(예: USDC)을 사용하여 해외 부동산 대금을 지불하는 경우, 상황은 완전히 달라진다.

- 24/7/365 가능

은행 영업시간에 구애받지 않고, 언제든 인터넷만 연결되어 있다면 원하는 시간에 송금이 가능하다.

- 실시간 송금

몇 분 내에 전 세계 어디로든 송금이 완료된다. 이는 잔금 처리 시점의 불확실성을 크게 줄여준다.

- **저렴한 수수료**

은행 수수료가 아닌 블록체인 네트워크 수수료(Gas fee)만 발생하므로, 대규모 송금 시에도 비용이 현저히 절감된다.

- **환율 위험 최소화**

스테이블코인은 법정화폐와 연동되므로 환율 변동성으로 인한 손실 위험이 거의 없다.

> **예시**
>
> 한국 투자자가 두바이 부동산을 구매할 때, 원화를 달러로 환전하고 다시 은행을 통해 두바이로 송금하는 대신, 국내 거래소에서 원화로 USDC를 구매한 후, 이 USDC를 직접 두바이 부동산 플랫폼의 에스크로 지갑으로 전송하는 방식으로 대금을 지불할 수 있다.

자산 이전의 간소화: '등기'에서 '토큰 전송'으로

- **기존 방식**

해외 부동산 소유권 이전은 해당 국가의 법률과 절차를 따라야 하므로, 현지 법무법인이나 변호사의 도움이 필수적이다. 복잡한 서류 작업, 공증, 등록세 납부 등 수많은 단계를 거쳐야 하며, 이 역시 많은 시간과 비용을 요구한다.

- **코인 기반 방식**

부동산이 NFT나 다른 형태의 디지털 토큰으로 발행된 경우, 소유권 이전은 해당 토큰을 매도인의 지갑에서 매수인의 지갑으로 전송하는 행위만으로 이뤄진다.

- **즉각적인 소유권 확정**

토큰 전송은 블록체인에 즉시 기록되며, 이는 위변조가 불가능한 영구적인 소유권 증명이 된다.

- **국경 무의미**

물리적인 위치나 국적에 관계없이 블록체인 주소만 있다면 소유권 이전이 가능하다.

- **자동화된 등기 (미래)**

각국 정부가 블록체인 기반의 디지털 등기 시스템을 도입한다면, 토큰 전송 자체가 법적 등기 효력을 가질 수 있어, 기존 등기 절차를 완전히 대체하게 될 것이다.

> **예시**
>
> 만약 스페인 빌라가 NFT로 토큰화되어 있다면, 한국 투자자가 이 NFT를 구매하는 순간 블록체인 상에 소유권이 이전된다. 이 과정에서 스페인 현지 법무사의 등기 업무가 크게 줄어들거나, 아예 불필요해질 수도 있다.

투자 관리의 자동화:
스마트 계약과 DAO의 역할

- **기존 방식**

해외 부동산 투자 시, 임대료 수취, 건물 관리, 세금 납부, 매매 수익 배분 등은 현지 대리인이나 관리 회사를 통해 이뤄지며, 역시 수수료와 정보 비대칭성 문제가 발생할 수 있다.

- 코인 기반 방식

스마트 계약과 DAO(탈중앙화 자율 조직)를 활용하면 이러한 투자 관리 프로세스를 상당 부분 자동화하고 투명하게 운영할 수 있다.

- 자동 임대료 수취

임대 계약을 스마트 계약으로 체결하고, 임차인이 스테이블코인으로 임대료를 지불하면 해당 스마트 계약이 자동으로 투자자 지갑으로 임대료를 배분한다. 연체 시에는 자동으로 벌금 부과 등도 가능하다.

- 수익 배분 자동화

부분 소유권으로 여러 투자자가 함께 구매한 부동산의 경우, 임대 수익이나 매매 수익이 발생하면 스마트 계약이 투자 지분율에 따라 자동으로 수익을 각 투자자의 지갑으로 분배한다.

- DAO 기반 공동 관리

투자자들이 DAO를 결성하여 부동산 관리 및 의사 결정을 블록체인 상에서 투표를 통해 투명하게 진행할 수 있다. 예를 들어, 건물 수리 여부, 새로운 임대 정책 결정 등을 DAO 투표로 결정하고, 결과에 따라 스마트 계약이 자동으로 실행되도록 할 수 있다.

> **예시**
>
> 상업용 건물을 여러 투자자가 토큰화된 형태로 공동 소유하고 있다면, 건물에서 발생하는 임대 수익은 매달 스마트 계약에 의해 각 투자자의 지분율에 따라 자동으로 USDC로 변환되어 투자자 지갑으로 전송된다. 건물의 주요 수리나 임대 조건 변경에 대한 의사 결정은 건물 소유 토큰을 가진 DAO 구성원들의 온라인 투표를 통해 이뤄지며, 모든 투표 결과와 자금 집행 내역은 블록체인에 투명하게 기록된다.

이처럼 블록체인과 디지털 자산은 글로벌 부동산 투자의 진입 장벽을 낮추고, 거래의 효율성과 투명성을 극대화하며, 투자 관리의 자동화를 이끌고 있다. 이는 전 세계 어디에 있든 누구나 부동산 투자를 시도하고 관리할 수 있는 진정한 의미의 '국경 없는 투자 시대'를 열고 있다.

 **참고**

> 부동산 '토큰증권'으로
> 조각 투자, 건물주 되는 시대가 온다.

부동산 토큰증권(ST)이란?

개념

블록체인 기술을 기반으로 고가 건물, 미술품 등 일반인이 접근하기 어려운 실물 자산의 소유권을 쪼개어 디지털화한 증권이다.

특징

- ▶ **소액 투자 가능:** 건물 지분을 기업 주식처럼 작게 나누어 단돈 5,000원부터도 투자할 수 있다.
- ▶ **수익 구조:** 투자 지분에 따라 건물 임대료 수익을 배당금 형태로 받거나, 플랫폼 내에서 토큰을 거래하여 시세 차익을 얻을 수 있다.
- ▶ **주요 대상:** 최근에는 중소형 상업용 건물을 대상으로 한 부동산 토큰증권이 인기를 얻고 있다.
- ▶ **성장성:** 부동산은 시세 확인이 가능하고 투자 경험이 많아 토큰증권 중에서도 가장 빠르게 성장할 분야로 꼽힌다.

국내외 부동산 토큰증권 현황

▼ **해외 사례 (미국 RealT):** 미국의 RealT는 디트로이트 지역 주거용 부동산을 토큰화하여 판매한다. 개별 부동산을 소유하는 회사를 만들고, 그 회사 지분을 토큰으로 발행하는 구조다.

▼ **국내 현황:** 국내에서는 플랫폼 회사가 부동산을 매입하여 신탁사에 맡긴 후, '신탁수익증권' 형식으로 토큰증권을 발행해 투자자를 모집한다. 이는 아직 토큰증권 법제화가 미비하여 특례를 인정받은 루센트블록(소유), 카사, 펀블 등 3개 부동산 조각투자 플랫폼만 이 방식을 활용하고 있다.

토큰증권 법제화와 시장 전망

▼ **법제화 지연:** 토큰증권 유통 및 장외거래중개업을 가능하게 하는 자본시장법과 전자증권법 개정안이 국회에 계류 중이며, 21대 국회에서 통과되지 못하면 22대 국회에서 재논의해야 한다.

▼ **성장성 낙관:** 법제화가 지연되고 있지만, 업계에서는 토큰증권의 제도권 편입을 시간문제로 보고 있다. 하나금융경영연구소는 국내 토큰증권 시장 시가총액이 2030년에는 367조 원까지 커질 것으로 전망했다.

▼ **증권사의 시장 선점 움직임:** 대신증권(카사 지분 매입), 교보증권(루센트블록과 MOU), 하나증권 등 주요 증권사들이 토큰증권 발

행·유통 플랫폼 구축에 적극적으로 나서며 시장 선점을 위해 분주하게 움직이고 있다.

투자자 유의 사항

- **자산 가치 고평가 우려:** 현 제도상 토큰증권 발행자가 곧 자산 소유자이므로, 자산 가치 평가가 정확하지 않아 공모가가 고평가될 가능성이 있다. 실제로 '소유'의 안국 다운타우너 건물 토큰(SOU) 가격은 발행가 대비 반토막이 난 사례가 있다.

- **경기 연동 위험:** 부동산 토큰증권은 대부분 중소형 상업용 부동산을 대상으로 하므로, 실물 부동산 시장의 경기 침체에 따라 임차 수요가 불안정해지고 수익률이 하락할 위험이 있다.

- **시장 변동성:** 건물의 수익성이 떨어지면 토큰증권 시장의 변동성이 커질 수 있으므로, 투자자들은 시장이 안정화될 때까지 신중하게 접근해야 한다. 부동산 토큰증권은 소액 투자로 건물주가 될 수 있는 매력적인 기회를 제공하지만, 법제화 과정과 시장의 초기 단계 특성상 투자 시 주의가 필요하다.[15]

---

15) https://www.khan.co.kr/article/202404232039015

PART···
4

어떻게
준비할 것인가

10장

코인 부동산 시대의 투자자 실무 가이드

- 자산 보관, 세금 보고, 국가별 리스크 분석
- 5년 안에 가능한 실질 시나리오

《코인으로 사는 집》이 현실이 되는 시대가 도래하고 있습니다. 특히 증권형 토큰 공개(STO; Security Token Offering) 제도의 본격적인 도입은 부동산 투자의 판도를 크게 바꿀 것입니다. STO는 부동산과 같은 실물 자산을 블록체인 기반의 디지털 증권(토큰)으로 발행하여 투자하는 방식입니다. 이는 전통적인 증권의 법적 보호를 받으면서도 블록체인의 효율성과 유동성을 활용할 수 있게 하여, 개인 투자자들도 안전하고 합법적으로 코인 부동산에 투자할 수 있는 길을 열어줍니다.

이 장에서는 코인 부동산 시대에 투자자들이 알아야 할 실질적인 가이드라인을 STO 제도를 중심으로 제시합니다.

자산 보관, 세금 보고, 국가별 리스크 분석

코인 부동산 투자에 앞서 투자자들이 반드시 숙지해야 할 핵심적인 실무 사항들입니다.

안전한 자산 보관
(디지털 지갑 관리)

개념

코인 부동산 시대에는 당신의 '집 문서'가 물리적인 형태가 아닌, 블록체인상의 디지털 토큰(NFT 또는 증권형 토큰) 형태로 존재합니다. 이 토큰은 당신의 암호화폐 지갑에 보관되며, 지갑의 '개인 키(Private Key)'가 곧 당신의 소유권을 증명하는 유일한 열쇠입니다.

실무 가이드

- 하드웨어 지갑(콜드 월렛) 사용

고액 자산인 부동산 토큰을 보관할 때는 인터넷에 연결되지 않는 하드웨어 지갑(예: Ledger, Trezor)을 사용하는 것이 가장 안전합니다. 해킹 위험을 최소화하고, 개인 키를 오프라인으로 보관할 수 있습니다.

- 니모닉 구문 백업

지갑 생성 시 제공되는 12~24개의 단어로 된 '니모닉 구문(복구 구문)'은 절대 타인에게 노출해서는 안 되며, 안전한 물리적 공간에 여러 번 백업해 두어야 합니다. 이 구문을 잃어버리면 자산을 영원히 잃게 될 수 있습니다.

- 거래소 지갑 의존 지양

대규모 자산을 중앙화된 거래소 지갑에 장기간 보관하는 것은 위험합니다. 거래소 해킹이나 파산 시 자산을 잃을 위험이 있습니다. 소액 거래 시에만 거래소 지갑을 활용하고, 고액 자산은 개인 지갑으로 옮기는 것이 좋습니다.

- 피싱 및 사기 주의

부동산 토큰 거래는 신흥 분야이므로, 피싱 사이트, 가짜 프로젝트, 신원 도용 등 다양한 사기 수법에 노출될 수 있습니다. 항상 공식 채널을 통해서만 정보를 확인하고, 의심스러운 링크는 클릭하지 않도록 주의해야 합니다.

정확한 세금 보고
(STO 관련 세법 이해)
—

개념

암호화폐 및 STO를 통한 부동산 거래는 기존 부동산 관련 세금(취득세, 양도소득세, 보유세) 외에, 디지털 자산 관련 세법도 적용될 수 있습니다. 각국의 STO 제도 도입과 함께 관련 세법이 정비되고 있으므로 이를 정확히 이해하는 것이 중요합니다.

실무 가이드

- 국가별 세법 확인

STO는 각국 증권법의 적용을 받으므로, 투자하려는 부동산이 위치한 국가와 투자자 본인의 거주 국가의 세법을 모두 확인해야 합니다. 특히 한국의 경우, 2025년부터 STO 관련 명확한 세금 규제가 시행될 예정이므로, 이에 대한 업데이트된 정보를 숙지해야 합니다.

- 거래 내역 철저히 기록

모든 코인 부동산 거래 내역(구매 시점, 구매 가격, 판매 시점, 판매 가격, 거래 수수료, 임대 수익 등)을 정확하게 기록하고 보관해야 합니다. 이는 양도소득세 계산의 중요한 자료가 됩니다.

- 전문 세무사 상담

STO는 아직 초기 단계이며, 관련 세법이 복잡하고 계속 변화할 수 있습니다. 반드시 디지털 자산 및 부동산 세금 전문가인 세무사와 상담하여 정확한 세금 보고 및 납부 전략을 수립하는 것이 가장 안전하고 효율적입니다.

국가별 리스크 분석
(규제 및 법적 환경)

개념

코인 부동산, 특히 STO는 각국의 규제 환경에 따라 리스크가 크게 달라집니다. 아직 많은 국가에서 STO 관련 법률이 완전히 정비되지 않았거나, 상이한 규제를 적용하고 있습니다.

실무 가이드

- **규제 명확성 확인**

투자하려는 부동산이 위치한 국가의 STO 관련 법률 및 규제가 얼마나 명확하고 안정적인지 확인해야 합니다. 미국, 일본, UAE처럼 STO 관련 법제를 선도하는 국가들은 상대적으로 리스크가 적을 수 있습니다.

- **정부 정책 및 금융 당국 동향 주시**

각국 정부의 블록체인 및 암호화폐에 대한 정책 방향, 금융 당국의 발표 등을 지속적으로 주시해야 합니다. 규제 변화는 투자 자산의 가치와 투자자의 권리에 직접적인 영향을 미칠 수 있습니다.

- **법률 자문 필수**

국경을 넘는 코인 부동산 투자 시에는 해당 국가의 부동산 법률, 증권법, 세법에 정통한 국제 법률 전문가의 자문을 반드시 받아야 합니다.

5년 안에 가능한 실질 시나리오
(STO 중심)

STO 제도의 본격적인 도입과 함께 5년 안에 개인 투자자들에게 현실화될 수 있는 코인 부동산 투자 시나리오는 다음과 같습니다.

시나리오 1:
한국인 투자자의 미국 상업용 부동산 STO 투자

- 현재

한국 투자자가 미국 뉴욕의 대형 상업용 빌딩에 투자하려면 수십억 원 이상의 자금이 필요하고, 현지 법인 설립, 복잡한 서류 작업, 국제 송금 등 여러 절차를 거쳐야 합니다. 이는 기관 투자자들에게만 실질적으로 가능한 영역입니다.

- 5년 후

미국에서 합법적으로 인가받은 STO 플랫폼이 뉴욕 상업용 빌딩을 수천 개의 토큰(각 100달러)으로 쪼개어 발행합니다. 한국인 투자자는 국내 STO 중개 플랫폼을 통해 이 토큰을 구매합니다.

- **절차**

한국인 투자자는 국내 STO 중개 플랫폼(예: 금융위원회 인가받은 증권사 또는 핀테크 업체)에 계좌를 개설하고 디지털 신원 인증을 완료합니다.

플랫폼에서 제공하는 미국 상업용 빌딩 STO 정보를 확인하고, 소액(예: 1,000달러)으로 해당 토큰을 구매합니다. 결제는 원화를 통해 플랫폼이 지정한 스테이블코인으로 자동 전환되어 이루어지거나, 직접 USDC를 전송하여 구매할 수 있습니다.

구매한 토큰은 투자자의 개인 디지털 지갑이나, 규제 준수 의무가 있는 플랫폼의 안전한 커스터디(Custody) 서비스에 보관됩니다. 빌딩에서 발생하는 월별 임대 수익은 스마트 계약에 의해 자동으로 계산되어 투자자의 지분율에 따라 USDC로 지급되며, 이는 투자자의 디지털 지갑으로 실시간으로 입금됩니다.

투자자는 언제든 필요할 때 국내 STO 플랫폼을 통해 자신의 토큰을 다른 투자자에게 판매하여 투자금을 회수할 수 있습니다.

- **혜택**

소액으로 해외 우량 부동산에 분산 투자 가능, 높은 유동성, 투명한 수익 분배, 복잡한 국제 송금/등기 절차 없이 간편한 투자. 세금은 국내외 STO 관련 법규에 따라 투명하게 보고하고 납부합니다.

시나리오 2:
국내 주거용 부동산의 STO 기반 공동 투자

- 현재

국내 아파트나 오피스텔에 투자하려면 목돈이 필요하고, 소유권 전체를 구매해야 합니다. 여러 명이 공동 구매하는 것은 복잡한 법적 절차와 분쟁의 소지가 많습니다.

- 5년 후

국내 주거용 부동산을 전문으로 하는 STO 플랫폼이 인기 지역의 아파트를 증권형 토큰으로 발행합니다.

- 절차

투자자들은 국내 STO 플랫폼을 통해 관심 있는 아파트의 토큰을 소액(예: 10만 원)부터 구매할 수 있습니다. 이는 아파트의 부분 소유권을 디지털화한 것입니다.

플랫폼은 임대 관리, 유지보수 등을 대행하고, 월세 수익을 자동으로 계산하여 각 투자자의 지분율에 따라 매월 스테이블코인(혹은 원화 연동 디지털 화폐)으로 지급합니다.

아파트 매각 시에도 스마트 계약을 통해 수익이 자동으로 정산되어 투자자들에게 배분됩니다.

투자자들은 필요할 때 언제든 플랫폼의 2차 시장에서 자신의 토큰을 사고팔아 투자금을 회수할 수 있습니다.

- 혜택

소액으로 국내 고가 부동산에 투자 가능, 투자 자산의 높은 유동성 확보, 자동화된 임대 수익 관리, 명확한 법적 보호(증권형 토큰). 이는 젊은 층도 주거용 부동산에 소액으로 투자하여 수익을 얻을 수 있는 새로운 기회를 제공합니다.

이처럼 STO 제도의 발전은 코인 부동산 투자를 합법적이고, 접근성 높으며, 투명한 방식으로 이끌 것입니다. 투자자들은 새로운 기회를 잡기 위해 디지털 자산 지식과 규제 환경 변화에 대한 지속적인 관심을 기울여야 합니다.

11장

부동산 전문가가 준비해야 할 것들

- 중개인, 공인중개사, 변호사, 회계사 등 실무자의 미래 대응
- 디지털 자산 이해력 + 법률 리터러시 강화

《코인으로 사는 집》 시대는 부동산 시장에 근본적인 변화를 가져올 것이다. 이는 투자자뿐 아니라, 그동안 부동산 시장의 핵심 플레이어였던 중개인, 공인중개사, 변호사, 회계사 등 모든 실무자에게 새로운 역량과 준비를 요구한다.

단순한 기술 도입을 넘어, 직업의 본질과 역할 자체가 재정의되는 시대를 맞이하고 있다. 이제 살아남는 것을 넘어, 이 새로운 물결을 타고 더욱 번성하기 위한 전략을 모색해야 한다.

중개인, 공인중개사, 변호사, 회계사 등 실무자의 미래 대응

블록체인과 디지털 자산이 부동산 시장에 미치는 영향은 각 직업군에 따라 상이하며, 미래 역할은 다음과 같이 변화할 것이다.

부동산 중개인 / 공인중개사

과거의 역할

매물 정보 제공, 매수/매도인 연결, 계약서 작성 및 조정, 거래 절차 대행.

미래의 역할

- **디지털 자산 기반 매물 큐레이션 및 자문**

전통적인 매물 외에 NFT 부동산, STO 기반 토큰화된 부동산 등 디지털 자산 형태의 매물을 이해하고 고객에게 추천할 수 있어야 한다. 특정 가상세계(메타버스)의 가상 부동산 매물에 대한 전문성도 요구될 수 있다.

- **블록체인 기반 거래 플랫폼 활용 전문가**

Propy와 같은 블록체인 기반 부동산 거래 플랫폼을 능숙하게 사용하여 스마트 계약 작성, 디지털 서명, 코인 결제 절차를 안내해야 한다.

- **리스크 관리 및 법률/세무 연계**

자동화된 거래가 늘어나더라도, 복잡하거나 비정형적인 거래에서 발생할 수 있는 법적 리스크, 세금 문제 등을 사전에 파악하고, 고객에게 전문 변호사나 회계사를 연계해주는 종합 컨설턴트 역할이 중요해진다.

- **커뮤니티 매니저**

DAO(탈중앙화 자율 조직)를 통해 공동 소유되는 부동산의 경우, DAO 커뮤니티의 의사 결정 과정을 돕고 정보를 제공하는 역할로 확장될 수 있다.

부동산 전문 변호사 / 법무사
―

과거의 역할

부동산 계약 법률 검토, 소유권 이전 등기, 분쟁 해결, 법률 자문.

미래의 역할

- 스마트 계약 법률 전문가

스마트 계약의 코드적 오류나 법적 해석의 불명확성으로 인해 발생할 수 있는 분쟁을 예방하고 해결하는 전문가가 되어야 한다. 특정 조건이 충족될 때 자동으로 실행되는 스마트 계약의 법적 효력, 해지 조건 등을 명확히 설계하는 역량이 중요한다.

- 증권형 토큰(STO) 법률 전문가

부동산 STO 발행 및 유통 과정에서의 증권법, 자본시장법 준수 여부를 검토하고, 투자자 보호 규정을 설계하며, 금융 당국과의 소통을 담당한다. 이는 부동산 투자를 새로운 증권 발행 형태로 이끄는 핵심적인 역할이다.

- **디지털 등기 및 소유권 법률 전문가**

블록체인 기반 디지털 등기 시스템이 도입될 경우, 그 법적 효력과 기존 등기 시스템과의 연계 방안을 이해하고 관련 법률 자문을 제공한다.

- **글로벌 부동산 법률 자문**

국경 없는 투자가 활성화되면서, 여러 국가의 블록체인 및 부동산 관련 법규를 아우르는 국제 법률 자문 역량이 더욱 중요해진다.

회계사 / 세무사

과거의 역할

부동산 매매/보유/임대 관련 세금 신고 및 납부 대행, 절세 전략 수립.

미래의 역할

- **디지털 자산 과세 전문가**

암호화폐(비트코인, 이더리움) 및 스테이블코인, NFT, 증권형 토큰 등 다양한 디지털 자산의 취득, 보유, 처분, 임대 수익 발생 시의 복잡한 과세 기준(양도소득세, 증여세, 상속세, 부가가치세 등)을 정확히 파악하고 고객에게 맞춤형 세금 전략을 제공해야 한다.

- **블록체인 거래 기록 분석 및 세금 자동화 시스템 이해**

블록체인상의 거래 기록을 기반으로 자동화된 세금 계산 및 보고 시스템을 이해하고 활용할 수 있어야 한다. CBDC 도입 시 세금 자동화 시스템에 대한 이해도 필수적이다.

- **국제 조세 자문**

해외 STO 부동산 투자 시 발생할 수 있는 국제 조세 문제(이중과세 방지, 해외 금융 계좌 신고 의무 등)에 대한 전문적인 자문을 제공한다.

디지털 자산 이해력 + 법률 리터러시 강화

위에서 언급된 미래 역할들을 성공적으로 수행하기 위해서는 모든 부동산 실무자들이 공통적으로 다음 두 가지 역량을 강화해야 한다.

디지털 자산 이해력 강화

- **블록체인 기본 원리 이해**

블록의 생성, 해싱, 분산원장, 합의 알고리즘 등 블록체인의 작동 방식을 깊이 이해해야 한다. 단순히 용어를 아는 것을 넘어, 블록체인이 어떻게 신뢰와 투명성을 제공하는지 파악해야 한다.

- **암호화폐 및 스테이블코인 숙지**

비트코인, 이더리움 등 주요 암호화폐의 특성과 더불어, USDC, USDT, DAI와 같은 스테이블코인의 구조와 안정화 메커니즘, 그리고 결제 수단으로서의 장단점을 명확히 이해해야 한다.

- **NFT 및 증권형 토큰(STO) 심층 학습**

NFT가 어떻게 고유성을 보장하고 소유권을 디지털화하는지, 그리고 STO가 기존 증권과 어떻게 다른지, 법적/기술적 특징을 심도 있게 학습해야 한다. 메타버스 내 가상 부동산에 대한 이해도 필요하다.

• **디지털 지갑 및 보안**

암호화폐 지갑의 종류(핫월렛, 콜드월렛), 개인 키 관리의 중요성, 피싱 및 해킹 등 디지털 자산 관련 보안 위협에 대한 지식과 대응 능력을 갖춰야 한다.

법률 리터러시 강화 (특히 STO 관련)

• **STO 관련 법률 숙지**

각국이 도입하거나 도입 예정인 증권형 토큰 관련 법률(예: 한국의 '토큰증권 발행 및 유통 규율체계')의 핵심 내용을 정확히 파악해야 한다. 발행 및 유통 방식, 투자자 보호 장치, 인가 요건 등을 알아야 한다.

• **디지털 자산 관련 세법 이해**

디지털 자산의 취득, 보유, 처분, 수익 발생 시 적용되는 세법을 숙지하고, 변화하는 세금 규제에 발 빠르게 대응할 수 있어야 한다.

- **스마트 계약 관련 법률 및 분쟁 해결**

스마트 계약의 법적 효력, 계약 위반 시의 책임 소재, 분쟁 발생 시 해결 절차 등에 대한 법률적 지식을 갖추고, 이를 바탕으로 고객에게 정확한 자문을 제공해야 한다.

- **국제 법규 동향 지속적 학습**

글로벌 투자가 활성화되는 만큼, 주요 국가들의 암호화폐 및 부동산 관련 법규 동향을 지속적으로 모니터링하고 학습해야 한다.

부동산 시장은 과거의 관습에 갇혀 있기에는 너무나 빠르게 변화하고 있다. 이 변화의 흐름을 읽고 디지털 자산과 관련 법규에 대한 전문성을 갖추는 것은 미래 부동산 전문가들에게 더 이상 선택이 아닌 필수적인 생존 전략이자 새로운 기회를 잡는 열쇠가 될 것이다.

새로운 부동산 시장의 변화에 맞춰 당신의 전문성을 어떻게 발전시켜 나갈 계획인가?

12장

내가 코인으로 집을 사는 날

- 실현 가능한 시나리오: 스마트 계약으로 클로징까지
- 미래 준비 체크리스트

'코인으로 내 집을 산다'는 말은 더 이상 먼 미래의 꿈이나 공상 과학 소설 속 이야기가 아니다. 블록체인 기술, 스테이블코인, 그리고 증권형 토큰(STO) 제도의 발전은 이 꿈을 현실로 만들고 있다. 이 장에서는 머지않은 미래에 당신이 직접 코인으로 집을 사는 날, 어떤 과정이 펼쳐질지 구체적인 시나리오를 통해 그려보고, 그 꿈을 실현하기 위해 지금부터 무엇을 준비해야 할지 체크리스트를 제시한다.

실현 가능한 시나리오: 스마트 계약으로 클로징까지

여기, 당신이 한국에서 서울 강남의 한 아파트를 스테이블코인(USDC)으로 구매하는 미래의 하루를 상상해보자. 2028년, 한국의 STO 제도가 안정적으로 정착하고 블록체인 기반의 디지털 등기 시스템이 부분적으로 도입된 시점이다.

시작:
아파트 탐색 및 계약금 지불

어느 날 당신은 평소 눈여겨보던 서울 강남의 한 아파트가 '토큰화된 매물'로 STO 플랫폼에 올라온 것을 발견한다. 이 아파트는 이미 법적으로 검증된 소유권 토큰(NFT 형태)이 발행되어 있으며, 플랫폼에서 제공하는 모든 정보(등기 이력, 건축물 대장, 임대 수익률, 주변 시세 등)가 블록체인에 기록되어 투명하게 공개된다. 기존처럼 공인중개사와 여러 번 통화하고, 등기부 등본을 떼어볼 필요가 없다. 플랫폼에서 몇 번의 클릭만으로 모든 정보를 조회한다.

당신은 아파트가 마음에 들어 매수를 결정하고, 플랫폼을 통해 매도인과 가격 협상을 마친다. 최종 매매가는 20억 원(약 150만 USDC)으로 합의된다. 계약금 10%인 1.5억 원(약 15만 USDC)을 지불하기 위해 당신은 거래소에서 원화를 USDC로 교환한다. 그리고는 플랫폼이 제공하는 스마트 계약서를 자신의 디지털 지갑으로 확인하고 디지털 서명(지갑 서명)을 한다. 이 스마트 계약은 '지정된 USDC가 송금되면, 30일 후 잔금 지불과 동시에 소유권 토큰이 이전된다'는 조건이 코드로 프로그래밍되어 있다.

당신이 자신의 지갑에서 15만 USDC를 스마트 계약 주소로 전송하는 순간, 계약금 지불이 완료된다. 은행 앱으로 몇 번의 인증을 거쳐야 했던 과거와 달리, 몇 초 만에 블록체인에 기록이 남고, 매도인에게 계약금 지불 알림이 실시간으로 전송된다. 이제 아파트는 당신의 이름으로 계약금이 지불된 상태가 되며, 이는 누구도 조작할 수 없는 블록체인 기록으로 증명된다.

중간:
대출 및 법적 검토 (자동화와 전문가 협업)

    대출이 필요하다면, 당신은 플랫폼과 연계된 은행의 디지털 대출 서비스를 이용한다. 은행은 당신의 신용 정보와 아파트의 블록체인 기록(담보 정보)을 바탕으로 순식간에 대출 가능 여부와 조건을 안내한다. 대출 계약 역시 스마트 계약으로 체결되며, 대출 실행 시 대출금이 자동으로 스마트 계약 에스크로 지갑으로 입금된다.

    이 과정에서 법적 문제가 발생할까 걱정된다고? 플랫폼 내의 법률 전문가들은 이미 이 스마트 계약의 법적 효력을 검토하고 보증하며, 필요한 경우 추가적인 법률 자문을 제공한다. 기존처럼 복잡한 법무사 선임 절차 없이, 플랫폼 내에서 모든 것이 원스톱으로 해결된다. 세금 문제도 마찬가지다. 플랫폼은 당신의 거래 내역을 바탕으로 예상 취득세와 양도소득세 등을 자동으로 계산해주고, 관련 세법에 대한 정보를 제공한다.

클로징:
잔금 지불 및 소유권 이전 (완벽한 자동화)

    대망의 잔금일, 당신은 나머지 135만 USDC를 스마트 계약 주소로 전송한다. 당신의 지갑에서 USDC가 전송되는 순간, 스마트 계약은 마지막 조건을 충족했음을 감지한다.

그리고 놀라운 일이 벌어진다.

- 소유권 토큰 자동 이전

아파트의 소유권을 상징하는 NFT 토큰이 매도인의 지갑에서 당신의 지갑으로 즉시 이전된다.

- 디지털 등기 자동 완료

한국 정부의 블록체인 기반 디지털 등기 시스템에 당신의 이름으로 소유권이 자동 등록된다. 별도의 등기소 방문이나 등기 신청 절차가 필요 없다.

- 세금 자동 정산

매매 계약에 따른 취득세, 그리고 매도인이 내야 할 양도소득세가 스마트 계약에 의해 자동으로 계산되어 국가 지정 계좌로 자동 이체된다.

- 대출 담보 설정 자동화

대출을 받았다면, 은행의 담보권 설정 역시 블록체인에 자동으로 기록된다.

이 모든 과정은 단 몇 분 만에 이뤄진다. 더 이상 은행에 가서 거액을 송금하고, 법무사가 등기 서류를 들고 왔다 갔다 하며, 등기부 등본이 변경될 때까지 불안하게 기다릴 필요가 없다. 당신의 스마트폰 지갑에 아파트 소유권 NFT가 들어오는 순간, 당신은 명실상부한 아파트의 주인이 되는 것이다.

미래 준비 체크리스트

코인으로 집을 사는 미래를 맞이하기 위해 지금부터 준비해야 할 것들입니다.

1. 블록체인 및 디지털 자산 기본 지식 습득

- ☑ 비트코인, 이더리움 등 주요 암호화폐와 스테이블코인 (USDC, USDT 등)의 작동 방식 이해하기.
- ☑ NFT, 증권형 토큰(STO)의 개념과 쓰임새 학습하기.
- ☑ 블록체인의 분산원장, 스마트 계약의 작동 원리 이해하기.

2. 안전한 디지털 지갑 관리 능력 숙지

- ☑ 하드웨어 지갑(콜드 월렛) 사용법 익히기.
- ☑ 니모닉 구문(복구 구문)의 중요성 인지하고 안전하게 보관하는 습관 들이기.
- ☑ 디지털 자산 보관 시 보안 수칙(피싱, 사기 예방) 철저히 지키기.

3. STO 제도 및 관련 법규 동향 지속적 학습

- ☑ 한국을 비롯한 주요 국가의 증권형 토큰(STO) 발행 및 유통 규제 동향 주시하기.
- ☑ 디지털 자산 과세 관련 법규 변화를 주기적으로 확인하기.
- ☑ 필요시 디지털 자산 전문 세무사 및 변호사와의 상담 고려하기.

4. 평판 좋은 STO/블록체인 부동산 플랫폼 정보 탐색

- ☑ 규제 당국의 정식 인가를 받은 STO 플랫폼 리스트 확인하기.
- ☑ 각 플랫폼의 제공 서비스, 수수료, 보안성 등을 비교 분석하기.
- ☑ 실제 거래 사례와 사용자 리뷰를 참고하여 신뢰할 수 있는 플랫폼 선택하기.

5. 재정적 준비 및 전략 수립

- ☑ 스테이블코인 구매 및 보관에 필요한 자금 계획 수립하기.
- ☑ 코인 부동산 투자에 따른 잠재적 이익과 리스크 (시장 변동성, 규제 변화) 분석하기.
- ☑ 분산 투자 전략을 통해 리스크를 관리하기.

'내가 코인으로 집을 사는 날'은 더 이상 상상 속의 이야기가 아닙니다. 기술은 이미 그 길을 열었고, 법과 제도가 그 뒤를 따르고 있습니다. 지금부터 차근차근 준비한다면, 당신도 이 새로운 부동산 혁명의 주인공이 될 수 있습니다. 미래는 준비된 자에게 더 큰 기회를 선사할 것입니다.

에필로그

부동산은 변하지 않는다.
그러나 **거래 방식**은 완전히 바뀔 것이다.

수천 년의 역사를 거쳐온 부동산은 인류의 삶에서 가장 근원적인 자산이자 보금자리로 존재해왔다. 그 본질적인 가치-안정성, 희소성, 그리고 삶의 터전-는 앞으로도 변하지 않을 것이다. 사람들은 여전히 땅을 소유하고, 그 위에 집을 짓고, 가족과 함께 살아갈 것이다. 강남의 아파트는 여전히 강남에 있을 것이고, 파리의 에펠탑은 그 자리를 지킬 것이다. 부동산 그 자체는 변하지 않는다.

하지만, 그것을 거래하는 방식은 완전히 바뀔 것이다.

우리는 지금, 수백 년간 이어져 온 부동산 거래의 복잡하고 느리며 불투명한 시스템이 블록체인과 디지털 자산이라는 새로운 기술에 의해 혁신되는 과정을 목도하고 있다. 과거에는 상상조차 할 수 없었던 거래의 속도, 비용 절감, 그리고 투명성이 표준이 되는 시대가 오고 있다.

더 이상 집을 사기 위해 은행과 등기소를 수십 번 오갈 필요가 없을지도 모른다. 국경을 넘어 지구 반대편의 건물에 소액으로 투자하는 것이 클릭 몇 번으로 가능해질 것이다. 임대료는 스마트 계약을 통해 자동으로 정산되고, 소유권은 단 하나의 디지털 토큰으로 증명될 것이다. 중개인의 역할은 단순한 연결을 넘어 자문과 리스크 관리의 영역으로 확장될 것이며, 법률 및 세무 전문가들은 디지털 자산에 대한 새로운 지식을 요구받게 될 것이다.

이 변화는 단순히 기술적 편리함을 넘어선다. 부동산 투자의 문턱을 낮춰 더 많은 사람에게 기회를 제공하고, 자산의 유동성을 높여 새로운 경제 활력을 불어넣을 것이다. 또한, 거래의 투명성을 극대화하여 오랜 기간 부동산 시장을 괴롭혔던 정보 비대칭성과 불법 행위들을 근절하는 데 기여할 것이다.

우리는 이 변화의 시작점에 서 있다. 과거의 관습에 얽매이지 않고, 새로운 기술의 잠재력을 이해하며 미래를 준비하는 사람만이 이 거대한 흐름 속에서 더 큰 기회를 잡을 수 있을 것이다.

부동산은 변하지 않는다.

그러나 당신이 집을 사고파는 방식은, 이미 변하기 시작했다.

부록

- 주요 스테이블코인 비교
- 코인 부동산 거래 절차 요약 (국가별)
- 미래 예측 키워드
  - Web3
  - CBDC
  - 토큰화
  - 디지털 자산

주요 스테이블코인 비교

USDT (Tether)

발행 주체	테더 주식회사 (Tether Limited)
준비금 형태	현금, 현금 등가물, 기업어음, 국채 등 다양한 자산
가치 고정	1 USDT = 1 USD
안정화 방식	발행사의 준비금 관리 및 소각/발행
중앙화 여부	중앙화 (발행 주체 존재)
주요 특징	• 가장 큰 시가총액과 유동성 • 넓은 사용처 • 준비금 투명성 논란 존재
부동산 활용	넓은 거래소 지원으로 쉽게 환전하여 결제 보조

USDC (USD Coin)

발행 주체	센터 컨소시엄 (Circle &Coinbase)
준비금 형태	주로 현금 및 단기 미국 국채 (매우 투명하게 관리)
가치 고정	1 USDC = 1 USD
안정화 방식	엄격한 규제 준수 및 정기적인 감사 보고서
중앙화 여부	중앙화 (발행 주체 존재)
주요 특징	• 높은 투명성 및 규제 준수 노력 • 기관 투자자 신뢰 높음 • 월별 감사 보고서 공개
부동산 활용	높은 신뢰도로 직접 결제 수단으로 활용 증가

DAI (Dai)

발행 주체	메이커다오(MakerDAO) • 탈중앙화 자율 조직 (DAO)
준비금 형태	이더리움(ETH) 등 다양한 암호화폐 (담보)
가치 고정	1 DAI = 1 USD
안정화 방식	담보 과잉 대출 및 청산 메커니즘, 거버넌스 투표
중앙화 여부	탈중앙화 (DAO에 의해 관리)
주요 특징	• 특정 중앙 기관에 의존하지 않음 • DeFi 생태계 핵심 • 담보 변동성에 영향
부동산 활용	탈중앙화 거래 및 스마트 계약 기반 임대료 지급

코인 부동산 거래 절차 요약 (국가별)

코인 부동산 거래 절차는 해당 국가의 법률 및 규제 환경에 따라 크게 달라질 수 있습니다. 다음은 일반적인 단계를 요약한 것이며, 실제 거래 시에는 반드시 현지 전문가의 자문을 구해야 합니다.

공통 절차
(블록체인 기반)

① 매물 탐색 및 협상	• 블록체인 부동산 플랫폼 활용 • 토큰화된 매물 확인 • 가격 (스테이블코인) 및 조건 합의
② 신원 인증 (KYC/AML)	• DID (분산 신원) 기반 인증 • 블록체인 기록 검증
③ 스마트 계약 생성/서명	• 매매 조건 코드로 프로그래밍 • 디지털 서명(지갑 서명)
④ 대금 결제 (코인)	• 스테이블코인(USDC 등) 활용 • 스마트 계약 에스크로 지갑 송금
⑤ 소유권 이전 및 등기	• 부동산 토큰(NFT/STO) 자동 이전 • 블록체인 기록 즉시 업데이트
⑥ 세금 처리	• 거래 내역 투명하게 기록 - 자동 계산 및 납부 (미래)

미국
(STO 선도)

① 매물 탐색 및 협상	• Reg A+, Reg D 등 STO 플랫폼 이용 • 부동산 토큰(증권형) 매매
② 신원 인증 (KYC/AML)	• SEC/FINRA 규제 준수 • 엄격한 신원 확인 및 자금 출처 검증
③ 스마트 계약 생성/서명	• 법적 효력 있는 스마트 계약 • 플랫폼 내 법률 전문가 검토
④ 대금 결제 (코인)	• 규제 준수 스테이블코인 사용 • 에스크로 서비스 제공
⑤ 소유권 이전 및 등기	• STO 토큰 이전 = 소유권 이전 • 법적 등기 절차는 별도 진행 (보조)
⑥ 세금 처리	• 증권형 토큰 관련 양도세, 보유세 등 적용 • 국세청 가이드라인 따름

두바이
(암호화폐 친화)

① 매물 탐색 및 협상	• DAMAC 등 개발사 직접 코인 결제 허용 • 특정 부동산 NFT 구매
② 신원 인증 (KYC/AML)	• VARA (가상자산규제청) 가이드라인 준수
③ 스마트 계약 생성/서명	• 블록체인 기반 계약 시스템 활용
④ 대금 결제 (코인)	• BTC, ETH, USDT 등 주요 코인 직접 결제 • 개발사 지갑 또는 플랫폼 에스크로
⑤ 소유권 이전 및 등기	• DLD(두바이 토지청) 블록체인 등기 시스템 연동 추진
⑥ 세금 처리	• 암호화폐 거래 및 부동산 소득세 부과 규정 확인

일본
(스테이블코인 법제화)

① 매물 탐색 및 협상	• 인가된 금융기관 발행 스테이블코인 (Japancoin 등) 활용 가능성
② 신원 인증 (KYC/AML)	• 금융청(FSA) 인가 기관 통한 철저한 신원 확인
③ 스마트 계약 생성/서명	• 인가된 금융기관이 스마트 계약 참여
④ 대금 결제 (코인)	• 엔화 연동 스테이블코인 (CBDC와 유사) 통한 결제 • 은행 시스템 연동 환전
⑤ 소유권 이전 및 등기	• 기존 등기 시스템과의 연계 방식 중요 • CBDC 도입 시 자동화 가능성
⑥ 세금 처리	• 암호화폐 과세 정책 및 스테이블코인 세금 규정 준수

 참고

STO, 'Reg'가 뭐길래?
증권형 토큰 발행의 핵심 규제

STO(Security Token Offering) 플랫폼에 등장하는 'Reg A+', 'Reg D' 같은 용어들은 고개를 갸우뚱하게 만들 수 있다. 간단히 말해, 이는 미국 증권법(Securities Act of 1933)이 정한 증권 발행 면제 규정들을 의미한다. 증권형 토큰을 발행할 때, 일반적으로 요구되는 복잡하고 비용이 많이 드는 정식 증권 등록 절차를 건너뛸 수 있도록 허용하는 중요한 규제 프레임워크인 것이다.

이러한 'Reg' 규정들이 어떤 의미를 가지며 서로 어떻게 다른지 자세히 살펴보자.

Reg D (Regulation D):
소수 정예 투자자 대상
—

Reg D는 사모(Private Placement) 발행에 대한 등록 면제를 제공하는 규정이다. 이는 대규모 공모 절차 없이 소수의 투자자에게만 증권을 판매할 때 주로 사용된다.

투자자 제한

주로 '공인 투자자(Accredited Investor)'에게만 판매가 허용된다. 공인 투자자는 미국 SEC(증권거래위원회)가 정한 일정 소득 또는 순자산 기준을 충족하는 개인이나 기관 투자자를 의미한다. 예외적으로 Reg D 506(b)의 경우 비공인 투자자 35인까지 허용되지만, 이때는 추가적인 정보 공개 의무가 발생한다.

발행 금액 제한 없음

발행할 수 있는 금액에 대한 제한이 없다.

일반 대중 마케팅 금지

원칙적으로 일반 대중을 대상으로 한 광고나 공개적인 청약 권유(general solicitation)는 금지된다. 다만, Reg D 506(c)의 경우 공인 투자자에게 한하여 일반 대중 대상 마케팅이 가능하나, 투자자 자격 검증 의무가 훨씬 엄격해진다.

정보 공개 의무

비교적 낮은 수준의 정보 공개 의무를 가진다. SEC에 Form D를 제출해야 하지만, 정식 등록만큼 상세한 공시 의무는 없다.

재판매 제한

발행된 증권은 일반적으로 '제한 증권(restricted securities)'으로 분류되어 일정 기간 동안 재판매가 제한된다.

STO 플랫폼에서 Reg D의 의미

STO 플랫폼이 Reg D를 이용한다는 것은, 해당 플랫폼에서 발행되는 증권형 토큰이 주로 소수의 공인 투자자를 대상으로 하며, 대규모 마케팅보다는 프라이빗 네트워크를 통한 모집에 초점을 맞춘다는 것을 의미한다. 발행 절차가 상대적으로 빠르고 비용도 적게 든다는 장점이 있다.

Reg A+ (Regulation A+): 일반 투자자에게도 기회

Reg A+는 소액 공모(Mini-Public Offering)에 대한 등록 면제를 제공하는 규정이다. 특히 일반 투자자에게도 증권을 판매할 수 있도록 허용하는 점이 큰 특징이다.

투자자 범위

공인 투자자뿐만 아니라 비공인 투자자(Non-Accredited Investor)도 참여할 수 있다. 단, 비공인 투자자의 경우 연간 소득 또는 순자산의 10%까지만 투자할 수 있다는 제한이 있다 (Tier 2의 경우).

발행 금액 제한

두 가지 등급(Tier)으로 나뉜다.
- Tier 1: 12개월 동안 최대 2천만 달러까지 발행 가능한다.
- Tier 2: 12개월 동안 최대 7천5백만 달러까지 발행 가능한다.

일반 대중 마케팅 허용

일반 대중을 대상으로 한 광고나 공개적인 청약 권유(general solicitation)가 허용된다.

정보 공개 의무

Reg D보다는 엄격하지만, 전통적인 IPO보다는 완화된 정보 공개 및 보고 의무를 가진다. Tier 2의 경우 재무제표 외부 감사 및 정기/수시 보고 의무가 있다. SEC에 Form 1-A를 제출해야 한다.

재판매 제한 없음

발행된 증권은 '제한 증권'이 아니므로 즉시 재판매가 가능하여 유동성이 높다는 장점이 있다.

STO 플랫폼에서 Reg A+의 의미

STO 플랫폼이 Reg A+를 이용한다는 것은, 해당 플랫폼에서 발행되는 증권형 토큰이 일반 대중을 대상으로도 판매될 수 있으며, 비교적 소액으로도 다양한 투자자들이 참여할 수 있도록 설계되었다는 것을 의미한다. 이는 투자자층을 넓히고 유동성을 확보하는 데 유리하다.

STO 플랫폼에서 'Reg'의 중요성

STO 플랫폼이 어떤 'Reg'를 이용하는지 이해하는 것은 다음과 같은 중요한 의미를 가진다.

투자자 자격

특정 STO가 어떤 종류의 투자자(공인 투자자 또는 일반 투자자)를 대상으로 하는지 알려준다.

발행 규모

해당 STO의 최대 발행 가능 금액을 가늠할 수 있게 해준다.

정보 투명성

발행자가 어떤 수준의 정보 공개 의무를 가지는지 파악할 수 있어, 투자자가 정보를 얻는 데 중요한 기준이 된다.

유동성

투자 후 토큰을 언제, 누구에게 재판매할 수 있는지에 대한 제한 여부를 알 수 있다.

발행 절차의 복잡성 및 비용

발행자가 어떤 규제적 부담을 지고 토큰을 발행하는지 알 수 있으며, 이는 발행 비용과 속도에도 영향을 미친다.

요약하자면, Reg A+와 Reg D는 미국 증권법의 핵심적인 증권 등록 면제 규정들이며, STO 플랫폼은 이러한 규정들을 준수하여 증권형 토큰을 발행하고 유통한다. 각 'Reg'의 특징을 이해하는 것은 투자자로서 어떤 종류의 STO에 참여할 수 있는지, 그리고 발행자로서 어떤 규제 의무를 따라야 하는지를 파악하는 데 필수적이다.

SEC와 FINRA: 미국 증권 시장의 두 축

미국 금융 시장, 특히 증권 시장의 건전성을 유지하고 투자자를 보호하는 데 핵심적인 역할을 하는 두 기관이 있다. 바로 SEC와 FINRA다. 둘 다 중요한 규제 기능을 수행하지만, 그 성격과 역할 범위에서 명확한 차이를 보인다.

SEC(U.S. Securities and Exchange Commission): 정부의 감시자

SEC는 미국 정부의 독립적인 연방 기관이다. 1934년 증권거래법에 의해 설립된 정부 기관으로, 미국 증권 시장 전반을 감독하는 막강한 권한을 가진다.

광범위한 규제 범위

주식 발행 기업(상장 기업)부터 투자 자문사, 뮤추얼 펀드, 증권 거래소, 그리고 브로커-딜러까지, 시장의 거의 모든 참여자가 SEC의 감시 대상이다.

법률 제정 및 집행

연방 증권법을 만들고, 이를 어기는 행위(사기, 내부자 거래, 시장 조작 등)를 조사하고 제재한다. 민사 소송도 걸 수 있으며, 필요하면 법무부와 손잡고 형사 고발까지 한다.

정보 공개 의무 강제

기업들이 투자자들에게 중요하고 정확한 정보를 투명하게 공개하도록 강제하여 시장의 신뢰를 높인다.

투자자 보호

투자자들이 충분한 정보를 가지고 합리적인 결정을 내리도록 돕고,

사기로부터 보호하는 것이 핵심 임무다.

시장 안정성 유지

공정하고 질서 있는 시장 운영을 위한 규칙을 만들고 감독한다.

FINRA와의 관계

SEC는 FINRA를 포함한 자율규제기관(SROs)들을 감독하고 감시한다. FINRA가 제안하는 규칙은 SEC의 승인을 받아야 하며, SEC는 FINRA의 활동을 정기적으로 검토하고 감사한다. 말하자면 SEC는 금융 시장의 전체적인 그림을 그리는 역할.

FINRA(Financial Industry Regulatory Authority): 업계의 자율 관리자

—

FINRA는 비영리 자율규제기관(SRO)이다. 정부 기관이 아니며, 증권 업계 스스로가 설립하여 운영된다. 하지만 연방 증권법에 따라 SEC의 감독을 받는다.

브로커-딜러 및 등록 대리인 감독

주로 미국 내 모든 브로커-딜러 회사와 그 소속의 증권 판매 인력(브로커)의 활동을 감독한다. 업계의 일상적인 규칙을 만드는 곳이다.

규칙 제정 및 집행

회원사(브로커-딜러)들이 지켜야 할 운영 규칙, 윤리 기준, 영업 행위 등을 직접 만들고 집행한다.

시장 모니터링

시장 활동을 지켜보며 불공정 거래나 사기 행위를 찾아내고 막는 역할을 한다.

자격 및 라이선싱

증권 관련 일을 하는 개인의 자격을 심사하고 라이선스를 주며, 지속적인 교육과 자격 유지를 관리한다.

조사 및 징계

규칙 위반이 발견되면 해당 회원사나 개인을 조사하고 벌금, 업무 정지, 시장 퇴출 등의 징계를 내린다.

투자자 교육 및 분쟁 해결

투자자 교육 프로그램을 제공하고, 투자자와 브로커-딜러 간의 분쟁을 해결하기 위한 중재 및 조정 서비스도 제공한다.

SEC와의 관계

FINRA는 SEC의 감독 아래 운영된다. FINRA의 모든 규칙 변경은 SEC의 승인을 받아야 하고, FINRA의 징계 결정 또한 SEC에서 검토될 수 있다. SEC가 금융 시장 전체의 큰 틀을 규제한다면, FINRA는 브로커-딜러와 관련된 세부적인 규제와 집행을 담당하며 SEC의 규제 목표를 현장에서 실현하는 역할을 하는 셈이다.

SEC와 FINRA: 상호 보완적 관계

이 두 기관은 서로 보완적인 관계를 유지하며 미국 증권 시장의 안정성과 투자자 보호에 기여한다. SEC가 금융 시장의 전반적인 큰 그림을 그리는 '감시자'이자 '입법자'라면, FINRA는 브로커-딜러의 일상적인 활동과 규정 준수를 '현장 감독'하고 '집행'하는 역할을 한다고 이해하면 쉽다. 이들이 함께 움직이면서 투자자들은 좀 더 안전한 환경에서 투자할 수 있는 것이다.

미래 예측 핵심 키워드: 부동산 시장의 지각변동

미래 부동산 시장을 이해하고 투자 기회를 잡으려면 반드시 알아야 할 핵심 키워드들이 있다. 이 단어들은 단순한 유행어가 아니라, 부동산의 본질적인 거래 방식을 뒤바꿀 거대한 변화의 흐름을 담고 있다.

웹3.0
Web3

개념

블록체인 기반의 탈중앙화된 인터넷을 말한다. 사용자에게 데이터와 자산에 대한 소유권과 통제권을 온전히 돌려주는 것을 목표로 한다.

부동산 영향

부동산 정보의 투명성과 접근성을 획기적으로 높일 것이다. 이제 사용자 스스로 부동산 데이터를 소유하고 관리하는 시대가 온다. 특정 플랫폼에 종속되지 않는, 완전히 탈중앙화된 부동산 거래

환경이 펼쳐질 것이며, 이는 정보 비대칭성을 해소하고 공정한 경쟁을 유도한다.

중앙은행 디지털화폐
CBDC: Central Bank Digital Currency
—

개념

각국 중앙은행이 발행하는 법정화폐의 디지털 버전이다. 현금과 동일한 법적 지위를 가지며, 디지털화된 법정화폐의 안정성과 효율성을 추구한다.

부동산 영향

부동산 거래 시 실시간 정산, 낮은 수수료, 그리고 강력한 자금 추적을 가능하게 하여 투명성과 효율성을 극대화한다. 이는 부동산 시장의 고질적인 문제인 자금세탁을 방지하고, 세금 자동화 시스템을 구축하는 데 결정적인 역할을 할 것이다. 거래의 투명성과 신뢰성을 한 차원 끌어올리는 열쇠가 된다.

토큰화

Tokenization

개념

부동산, 미술품 등 실물 자산의 소유권이나 가치를 블록체인상의 디지털 토큰으로 발행하는 과정이다. 이 디지털 토큰이 곧 자산의 디지털 증명이 된다.

부동산 영향

유동성 증대 : 수십억 원짜리 고가 부동산을 소액으로 쪼개어 발행(예: 부동산 조각 투자)하여 투자 진입 장벽을 낮추고 유동성을 크게 높인다. 이제 누구나 소액으로 강남 건물주가 될 수 있다는 꿈이 현실이 되는 것이다.

접근성 향상

개인 투자자들도 소액으로 해외 우량 부동산에 투자할 수 있는 길이 활짝 열린다. 국경을 넘어 전 세계 부동산 시장에 손쉽게 접근할 수 있게 되는 것이다.

투명성 및 효율성

모든 토큰 거래가 블록체인에 기록되어 소유권 이전이 투명하고 효율적으로 이루어진다. 복잡한 서류 작업과 긴 대기 시간 없이 즉각적인 거래가 가능해진다.

디지털 자산
Digital Assets

—

개념

블록체인 기술을 기반으로 생성되고 소유권이 증명되는 모든 형태의 디지털화된 가치를 총칭한다. 암호화폐, NFT(대체 불가능 토큰), 증권형 토큰(STO) 등이 여기에 포함된다.

부동산 영향

부동산 자체가 NFT나 증권형 토큰의 형태로 발행되어 거래되고 관리되는 시대를 의미한다. 이는 부동산을 단순한 물리적 자산을 넘어, 디지털 생태계 내에서 자유롭게 유통되고 활용될 수 있는 새로운 형태의 자산으로 재정의한다. 이제 부동산은 블록체인 게임 속 아이템처럼 소유하고 거래될 수 있는 것이다.

분산 신원
DID: Decentralized Identifier

—

개념

블록체인 기반으로, 개인이 자신의 신원 정보를 직접 통제하고 관리하며, 필요한 정보만 선택적으로 증명할 수 있도록 하는 기술이다. 개인 정보 보호와 신뢰성 확보를 동시에 추구한다.

부동산 영향

부동산 거래 시 KYC/AML(고객 알기/자금세탁 방지) 절차를 간소화하고, 개인 정보 노출을 최소화하면서도 신뢰할 수 있는 신원 확인을 가능하게 한다. 사기 및 신원 도용 위험을 줄이고 거래의 보안성을 강화할 핵심 기술이 될 것이다.

스마트 계약
Smart Contract

—

개념

블록체인에 저장된 자동 실행 가능한 계약 코드다. 미리 정해진

조건이 충족되면 계약 내용이 자동으로 이행되는, '조건부 자동화 계약'인 셈이다.

부동산 영향

부동산 매매, 임대료 지불, 대출 상환, 소유권 이전 등 복잡한 부동산 거래 절차를 자동화하고 투명하게 처리하여 중개인의 개입을 최소화하고 거래의 효율성과 신뢰성을 극대화한다. 인력과 시간을 절약하고, 분쟁의 여지를 줄여 부동산 거래를 빠르고 안전하게 만든다.

코인으로 사는 집

초판 1쇄	2025년 9월 1일
지은이	고진석
책임편집	민규성
에디터	유민정 도이정 김혜림
디자인	김정아
마케팅	송유근
펴낸곳	라이트하우스인
펴낸이	조남규
주소	고양시 일산동구 정발산로 43-20 센트럴프라자 301
대표전화	031-815-8298
인쇄·제본	팩컴코리아
값	18,000원
ISBN	979-11-993203-1-4
출판등록	제 2020-000108 호

라이트하우스인(LIGHTHOUSEIN)은
등대(LIGHTHOUSE)를 지키는 사람(人)과 등대 안(IN)을 뜻합니다.
어둠 속에서 길을 찾는 사람에게 밝은 빛으로 안내하는 등대처럼
출판·미디어 문화 속에서 빛과 같은 기업이 되겠습니다.
라이트하우스인은 좋은 글을 만드는 글방(WRITE HOUSE)을 지향합니다.
라이트하우스인은 세상에 유익한 콘텐츠를 만들어가는 바른 기업(RIGHT HOUSE)을 추구합니다.

이 책은 저작권법에 의해 보호를 받는 저작물이므로 무단 전재와 복제를 금합니다.